LONDRES

UN NOUVEL ART DE VIVRE

INTERIORS

LONDRES
UN NOUVEL ART DE VIVRE

TEXTES - CHLOE GRIMSHAW
PHOTOGRAPHIES - INGRID RASMUSSEN

chêne

Édition originale publiée en Angleterre en 2008
par Thames & Hudson Ltd, 181A High Holborn, Londres
WC1V 7QX
www.thamesandhudson.com

Maquette : SMITH
Victoria Forrest, Lesley Gilmour
www.smith-design.com

Pour l'édition française :
Responsable éditoriale : Odile Perrard
Suivi d'édition : Laurence Beaux
Directrice artistique : Nancy Dorking
Réalisation : Else
Traduction : Hélène Saulvage, Frédéric Baton
Lecture-correction : Martin Nizan

Dépôt légal : Janvier 2009
Achevé d'imprimer à Singapour
ISBN : 978-2-84277-930-6
3420924

Page précédente : **Dessinés par l'architecte Nicholas Hills dans les années 1970, les motifs en diagonale de la moquette, déclinés dans tout l'appartement d'Adam Hills et Maria Speake, offrent un contraste saisissant avec la vue magnifique sur le quartier de Marylebone.**

Quand mon grand-père, le critique d'art John Russell, a écrit un livre sur Londres pour Thames & Hudson en 1994, nous avons tous pris un moment pour reconsidérer la ville. À travers son approche, ses interrogations sur les raisons et les manières d'habiter cette ville, je suis partie à la recherche de ce qui avait changé à Londres ces quarante dernières années.

Londres, un nouvel art de vivre n'aurait pu être réalisé sans la patience et la générosité de ses résidents, beaucoup d'entre eux nous ont révélé leurs secrets de décoration et leurs fournisseurs favoris. Merci à tous ceux qui nous ont invitées dans leurs intérieurs et qui nous ont encouragées par de multiples tasses de thé et de café. Nous sommes très fières d'avoir été les premières à photographier les maisons de Carol Conrad, Jane Collins, Nikki Tibbles, Matthew Williamson et Erin O'Connor et nous leur sommes très reconnaissantes.

Nous avons beaucoup appris en consultant des livres sur l'histoire de Londres, depuis le guide de Bermondsey par Norman Ackroyd jusqu'aux descriptions de Whitechapel de Langlands + Bell, sans oublier l'irremplaçable guide de Sam Robinson consacré aux habitants les plus raffinés de Notting Hill et leurs antiquaires de prédilection. Seules les personnes qui habitent Londres connaissent leurs rues et l'histoire de leur voisinage de manière aussi détaillée. La découverte en profondeur de la ville a été une expérience merveilleuse.

Nous remercions également toute l'équipe de Thames & Hudson et notamment Elain McAlpine, Sadie Butler et Lucas Dietrich.

Chloe Grimshaw et Ingrid Rasmussen
Londres, 2008

LONDRES, UN NOUVEL ART DE VIVRE

NW1, NW3, NW6 Primrose Hill, Hampstead, Brondesbury et Queen's Park

- **Victoria Marriott et Craig Matson** Architectes et propriétaires de Roundhouse Design
- **Matthew Williamson** Couturier
- **Jo Berryman** Styliste de mode
- **Harvey Bertram-Brown** Directeur artistique
- **Gillian Anderson-Price** Antiquaire, propriétaire de Judith Michael & Daughter
- **Martha Krempel** Architecte d'intérieur
- **Bill Amberg et Susie Forbes** Créateur et rédactrice de mode

SE1, SE5, SE22, SW3, SW6, SW7, SW9 Bermondsey, Camberwell, East Dulwich, Chelsea, Parson's Green, South Kensington et Brixton

- **Norman Ackroyd** Artiste
- **Peggy Prendeville** Artiste et architecte d'intérieur
- **Erin O'Connor** Mannequin
- **Rob et Josie da Bank** DJ et organisateurs du Bestival (île de Wight)
- **Tracey Boyd** Créatrice de mode
- **Annabel Dearlove** Propriétaire à Parson's Green
- **Annabel Lewis** Propriétaire de V.V. Rouleaux
- **Tobit Roche et Nancy Oakley** Artiste et responsable de communication

E1, E9, EC1, EC2 Whitechapel, Hackney, Clerkenwell et Shoreditch

- **Les Trois Garçons** Architectes d'intérieur et restaurateurs
- **Langlands et Bell** Artistes
- **Lisa Whatmough** Créatrice de tissus d'ameublement
- **Daisy de Villeneuve** Artiste et illustratrice
- **Emily Chalmers** Décoratrice

W1, W2, W8, W10, W11 Marylebone, Bayswater, Kensington, North Kensington et Notting Hill

- **Adam Hills et Maria Speake** Propriétaires de l'entreprise de récupération Retrouvius
- **Jane Collins** Propriétaire de Sixty6
- **Simon Templeton** Architecte
- **Carole Conrad** Mécène
- **Justin Thornton et Thea Bregazzi** Créateurs de mode
- **Sam Robinson** Propriétaire de The Cross boutique
- **Carina Cooper** Rédactrice culinaire
- **Nikki Tibbles** Propriétaire de la boutique de fleurs Wild at Heart

BRYMAY
Redheads
SAFETY MATCHES

UTZON

DON'T DO MINGERS
I ♥ NY

R. LITTLE.
BANK FOOT.
NEWTON REIGNY.

INTRODUCTION

Les intérieurs des habitants de Londres reflètent fidèlement le style inimitable et décalé attaché à la ville. Les artistes, stylistes et designers présentés dans ce livre ont fait de leur intérieur des mondes privés décorés de meubles sur mesure et d'objets d'art glanés au fil des ans. Des années d'amour, de collecte et de rêve…

Le dénominateur commun de *Londres, un nouvel art de vivre* pourrait être la recherche de l'originalité et le refus de suivre les dernières tendances. Simon Templeton (p. 180) et Carole Conrad (p. 186) ont dessiné eux-mêmes un escalier à leur mesure, Simon pour sa « mews house » de Bayswater et Carole pour son « penthouse » d'architecte implanté dans l'une des rues les plus huppées au monde. Avec un budget plus restreint mais une égale détermination, la décoratrice Emily Chalmers (p. 156) a écumé les marchés aux puces et les dépôts de charité pour décorer son loft de Shoreditch aménagé dans un entrepôt désaffecté. Du galbe opulent des antiquités d'époque victorienne aux lignes épurées du mobilier contemporain, les meubles de récupération sont de bons moyens de personnaliser son intérieur, de même que des éléments d'architecture récupérés. Ainsi, la cuisine de l'appartement d'Adam Hills et de Maria Speake à Marylebone (p. 168) est meublée de comptoirs de poissonnier en marbre détournés de leur fonction d'origine, tandis qu'à Parsons Green, les sérigraphies d'une ancienne usine de papiers peints sont devenues des objets d'art dans la chambre d'Annabel Dearlove (p. 107).

Les intérieurs de Londres sont hétéroclites, à l'image des jeunes filles qui, au tout coordonné, préfèrent accessoiriser une petite robe Primark avec un très chic sac à main Marni. L'artiste Daisy de Villeneuve (p. 150) a utilisé une robe Missoni pour habiller les placards de son appartement de Clerkenwell, et la fleuriste Nikki Tibbles (p. 214) a chiné au marché aux puces de Kempton Park des vases insolites pour sa maison de Notting Hill. Quand la pièce adéquate venait à manquer pour son cottage de Hampstead, le couturier Matthew Williamson (p. 22) a commandé à l'enseigne de design Tann-Rokka du mobilier sur mesure. Et quand ils sont amenés à faire appel à un architecte d'intérieur, les commanditaires se surprennent souvent à révéler leur propre style, telle Erin O'Connor (p. 85) que la décoratrice Suzy Hoodless a encouragée à rapprocher de classiques canapés Chesterfield d'un amusant papier peint à motifs de théières.

Chaque quartier de Londres possède ses synagogues, ses pubs, ses églises et ses écoles convertis en espaces d'habitation. De luxueux appartements ont surgi en lieu et place de stations-service démolies et d'anciennes écuries ont été aménagées en « mews house ». Les têtes pensantes des Trois Garçons (p. 130) habitent un bâtiment classé de Whitechapel, une ancienne taverne victorienne surnommée « The Birdhouse » à cause des oiseliers qui y faisaient halte avec leur marchandise. Le graveur Norman Ackroyd (p. 68) et l'architecte d'intérieur Peggy Prendeville (p. 76) ont dû mobiliser toute leur audace et leur imagination pour aménager, l'un son entrepôt désaffecté du XVIIIe siècle de Bermondsey, l'autre sa chapelle édouardienne classée Monument historique de Camberwell. Si Norman a réuni d'anciens meubles à plans et des presses fidèles au passé industriel de l'entrepôt, Peggy a au contraire éliminé de l'ancienne chapelle les références liturgiques et mis en valeur le sol en marbre et les décorations en fleur de lis avec du mobilier contemporain.

Les propriétés à Londres sont parmi les plus chères au monde, et ses habitants doivent faire preuve d'ingéniosité. L'espace est systématiquement optimisé : les extensions empiètent sur les jardins, les combles sont exploités, les sous-sols aménagés. Malgré la flambée des prix, Londres n'a pas cessé de cultiver sa singularité. L'industrie de la création – musique, mode, design et architecture – y est une des plus dynamiques du monde, et les intérieurs de la ville font écho à une certaine liberté d'esprit qui attache plus d'importance au style qu'à l'ostentation. Vous ne trouverez nulle part ailleurs un plan de métro transformé en table de cuisine ou une paillasse de laboratoire convertie en plan de travail. *Londres, un nouvel art de vivre* présente l'esthétique – parfois excentrique, toujours inspirée – de ses habitants.

NW1, NW3, NW6
PRIMROSE HILL
HAMPSTEAD
BRONDESBURY
QUEEN'S PARK

39

De Karl Marx et de William Butler Yeats à Sylvia Plath et à Kingsley Amis, Primrose Hill fut au XIXe siècle le quartier d'élection de l'élite intellectuelle londonienne. Construit sur une colline de plus de soixante-dix mètres de hauteur, le quartier offre des vues panoramiques sur Londres qui s'étendent jusqu'aux docks de Canary Wharf et au dôme du Millenium à l'est, et jusqu'aux cheminées de la centrale électrique de Battersea à l'ouest. Rues en arc de cercle et squares victoriens sont venus au XIXe siècle border le parc de Primrose Hill, ouvert au public par la Couronne en 1842.

Au nord, Hampstead, qui abrite les plus grosses fortunes de Londres, est un des endroits les plus huppés de la capitale. Point culminant de la ville et lieu idéal pour en fuir l'agitation, ce fut le quartier de prédilection des cercles artistiques et littéraires dès le XVIIIe siècle. Dickens a beaucoup écrit sur les bas-fonds de Londres mais leur préférait la campagne de Hampstead, Keats a composé l'« Ode à un rossignol » en souvenir de ses promenades nocturnes dans le quartier, et Constable s'est installé dans Well Walk pour peindre la lande de Hampstead toute prochc.

Le Brondesbury était lui aussi largement rural avant l'arrivée du chemin de fer en 1860, qui a entraîné sa mutation en un quartier résidentiel très prisé, aux rues bordées d'arbres et aux élégantes demeures victoriennes. Non loin de là, Queen's Park, inauguré par la reine Victoria à l'occasion des festivités organisées par la Société royale d'Agriculture en 1879, est devenu un parc public de 15 hectares. Plus de deux mille maisons, dont certaines arborent des tourelles et d'opulents pinacles, furent construites en style néogothique entre 1870 et 1890. L'actrice Thandie Newton, la rédactrice du magazine « Vogue », Alexandra Shulman et Jade Jagger, l'enfant du rock devenue styliste, ont élu domicile dans ce quartier familial.

NW1

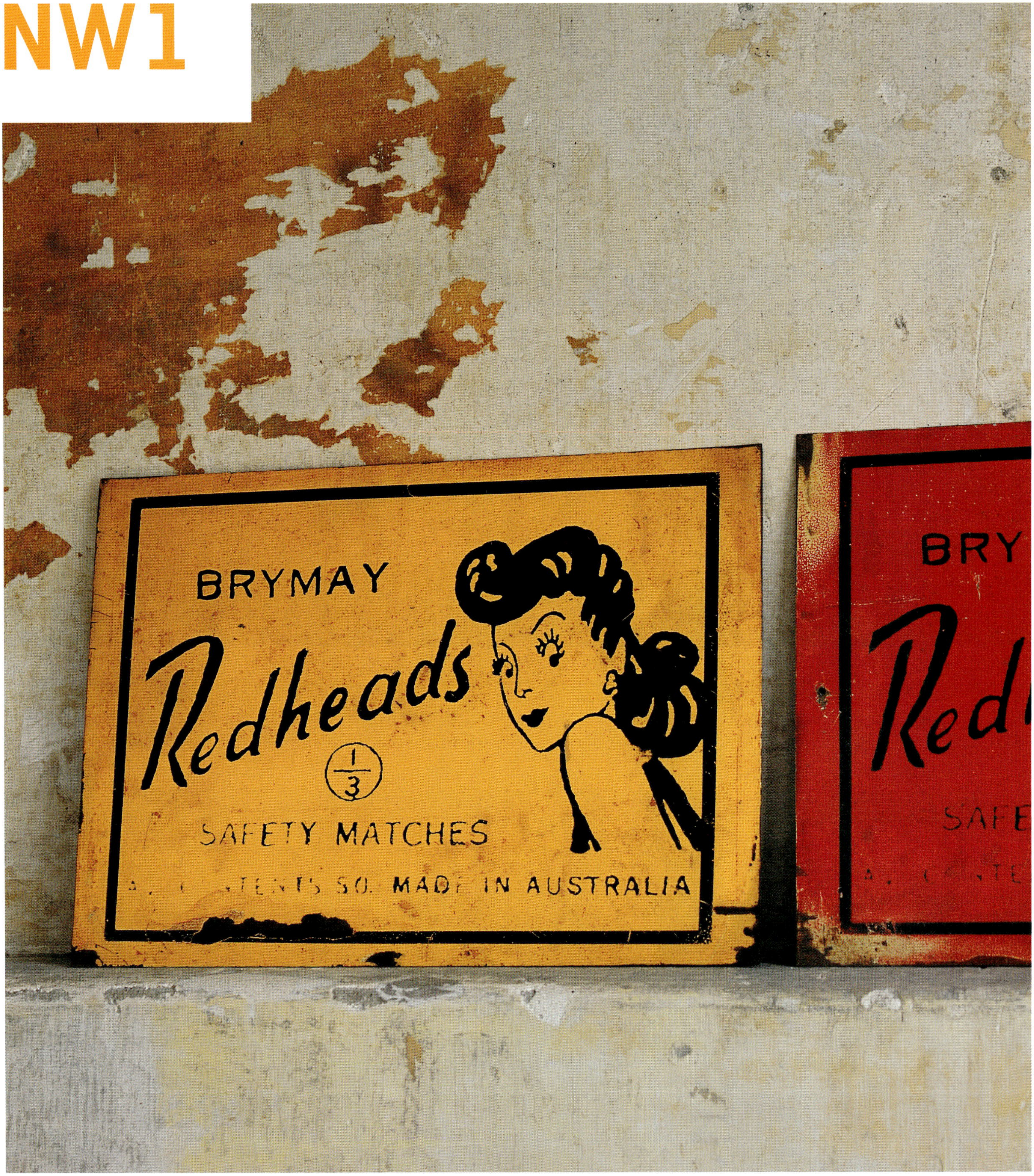

VICTORIA MARRIOTT + CRAIG MATSON
PRIMROSE HILL

Trois générations d'une famille de passionnés de décoration et de design se sont succédé dans cette « terrace house » victorienne, située dans un quartier verdoyant du nord-ouest de Londres.

Cette maison de famille de Primrose Hill a été achetée en 1958 par l'architecte Philip Marriott. Puis ses filles Victoria et Sophia, qui en ont hérité à la fin des années 1980, l'ont habitée avec leurs familles respectives pendant plus de dix ans. Victoria Marriott y vit désormais avec l'architecte Craig Matson et leurs jeunes enfants. Ensemble, ils ont fondé en 1996 l'agence Roundhouse Design, spécialisée dans la conception de cuisines et de mobilier contemporains sur mesure. Après avoir racheté la part de Sophia en 2002, ils ont entrepris de repenser entièrement la maison en mettant en œuvre les dernières techniques développées par Roundhouse Design pour créer une maison de famille élégante et fonctionnelle.

La maison a été rénovée une première fois par Victoria et Sophia, notamment pour en restaurer les corniches. « Il nous a fallu plusieurs semaines, perchées sur des échelles, pour éliminer les anciennes couches de peinture incrustées dans le plâtre avec une décolleuse à vapeur », se souvient Victoria. Les morceaux de corniche dégradés furent remplacés par de nouveaux éléments reproduits à l'identique par Butcher Plasterworks, une plâtrerie située au coin de la rue. Les sœurs Marriott choisirent ensuite de laisser le plâtre en l'état plutôt que de le traiter à nouveau, de peur de faire disparaître le travail délicat des corniches qu'elles avaient si minutieusement mis au jour. Elles poncèrent aussi les murs et les plafonds pour faire apparaître la patine du vieux plâtre et découvrirent même d'anciens croquis dessinés sur les murs par leur père quand il travaillait à la conception d'une penderie et à l'aménagement des chambres.

Victoria, qui garde de son enfance passée dans la maison de Primrose Hill un sens aigu de la famille, aime voir les siens réunis sur le grand canapé d'angle du salon. Les étagères débordent de souvenirs, ici des fossiles et des brindilles rapportés de la maison familiale du Dorset, là une bouteille remplie de sable de la plage australienne de Cottesloe où Craig a grandi.

Victoria a même fabriqué un tableau d'affichage en acier pour exposer les dessins d'enfants et les photos de famille. La maison, dont les propriétaires ont beaucoup travaillé les jeux de matière et de texture, doit son cachet particulier au mélange d'ancien et de moderne. Dans la cuisine, un néon rose contraste avec le plan de travail en inox et les meubles laqués blanc. Un long banc en bois, qui sert aussi de rangement pour la vaisselle, sépare l'espace cuisine de la salle à manger dont la grande table peut facilement accueillir dix personnes. « Ce n'est pas tellement que nous aimions faire la cuisine, explique Victoria, mais quand Sophia, Richard [son beau-frère] et leurs enfants nous rendent visite, nous sommes déjà neuf. Avant, il fallait faire deux services en commençant par les enfants, maintenant nous pouvons manger tous ensemble ». La cuisine en longueur est assez étroite, mais la présence de baies vitrées en fait comme une extension sur le jardin, et le carrelage de faïence qui se prolonge à l'extérieur renforce cette impression d'espace.

Le couple a choisi de répartir toutes les pièces communes au rez-de-chaussée de façon à garder suffisamment d'espace à l'étage pour créer, outre une grande chambre et une salle de bains fonctionnelle, une bibliothèque et un bureau. Des chaises ayant appartenu à la grand-mère de Victoria et un miroir hérité de ses parents se mélangent au mobilier contemporain signé Roundhouse Design. L'aménagement intérieur est pensé dans ses moindres détails, du choix des volumes dédiés au rangement jusqu'à l'éclairage de la chambre. Meubles et étagères ont été conçus sur mesure pour optimiser l'espace et tirer parti du moindre recoin. « J'ai d'abord pris en compte les volumes, l'intégration de la garde-robe dans la chambre par exemple, avant de me demander comment j'allais pouvoir ranger tous mes vêtements », indique Victoria, en architecte d'intérieur aguerrie.

Le deuxième étage est dédié à leurs filles Lily et Dora, qui ont leur propre kitchenette et leur salle de bains, et carte blanche pour investir le grenier. Elles semblent pour l'instant préférer la compagnie de leurs parents aux étages inférieurs mais Lily, dont la chambre a été décorée d'un miroir ancien et d'un papier peint vintage, pourrait bien un jour reprendre à son tour le flambeau familial.

Contre le plâtre joliment écaillé de l'entrée, les publicités en tôle pour les allumettes Brymay Redheads proviennent de Margaret River, la ville natale de Craig en Australie.

Construite par Craig dans l'Eurostar en revenant de Paris, la tour Eiffel en Meccano est une preuve supplémentaire de son amour pour les gadgets ! La lettre dorée – M pour Marriott – est un trésor de famille. Le canapé en cuir noir Cassina, acheté chez Chaplins, et la lampe de chez Heal's apportent une touche années 1960 au salon. Le parquet brun foncé est en chêne flammé.

L'immense table à manger et le banc en bois qui l'accompagne ont été conçus par Craig et Victoria. Les chaises sont d'inspiration Arne Jacobsen et le chandelier, acquis chez Rainbow, date des années 1930.

Diverses poteries réalisées par un artisan local, Fliff Lidsey, trônent sur une étagère. Quant à Stella Vic, le chat de la maison, il a trouvé sa place sur le lit de Victoria avec deux ours en peluche.

Les objets accumulés et utilisés au fil des ans par la famille donnent un sentiment rassurant de permanence. La chaise en bois appartenait à la grand-mère de Victoria. L'escalier, avec ses marches patinées par le temps, est d'origine : il a été construit en même temps que la maison en 1850. Le chandelier ancien rehausse avec élégance le plâtre mis à nu et la corniche.

NW3

MATTHEW WILLIAMSON
HAMPSTEAD

Ce cottage flamboyant de Hampstead est à l'image de son propriétaire, le couturier Matthew Williamson.

Matthew Williamson, dont les dix ans de carrière ont été célébrés par une rétrospective au Design Museum de Londres en 2007, est un des grands noms de la mode. Helena Christensen, Sienna Miller et Jade Jagger, adeptes de ses imprimés aux couleurs éclatantes, se pressent dans sa boutique de Mayfair au décor sophistiqué et aux murs revêtus de papier peint à la main. Matthiew Williamson, responsable de sa propre marque et directeur artistique de la maison Pucci, vit entre Florence et Londres. Il a récemment acheté ce cottage avec vue sur Hampstead Heath pour y trouver la tranquillité et le calme auxquels il aspire. À l'échelle de Londres, c'est presque une maison de campagne. « Cet endroit me permet de me ressourcer et de trouver l'inspiration, raconte Matthew Williamson. J'aime être proche de la nature et l'atmosphère villageoise de Hampstead me plaît beaucoup. »

Ce cottage est le fidèle reflet de cette passion pour les broderies et les étoffes qui sont la marque de fabrique de sa maison de couture. Sa fascination pour l'architecture d'intérieur l'a amené à dessiner pour l'enseigne de décoration Tann-Rokka une ligne de canapés, de fauteuils et de repose-pieds, ainsi qu'une série limitée de créations textiles. Ce partenariat lui a permis en retour de faire réaliser en exclusivité par Tann-Rokka une mosaïque de petits miroirs dans laquelle se reflète un canapé bleu électrique.

Matthew Williamson aime le mélange des genres entre l'expression sobre du mobilier contemporain et l'exubérance du style hippie chic. Une table en marbre Eero Saarinen et des chaises vert émeraude signées Charles et Ray Eames prennent ainsi le contre-pied de l'esprit bohème d'un canapé brodé envahi par des coussins assortis, confectionnés dans des tissus et des saris rapportés du Maroc, d'Italie et d'Inde.

Ce kaléidoscope de couleurs est mis en valeur par un revêtement blanc Dalsouple en caoutchouc qui habille toute la surface du rez-de-chaussée en plan ouvert. Un lustre enduit d'une peinture blanche brillante – un modèle de design inspiré déniché chez Mint – donne l'impression de vouloir dégoutter sur la table à manger. La desserte verte de style contemporain sur laquelle s'amoncellent un miroir rococo démesuré, une collection de vases années 1960 bleus et jaunes et un clown en verre ancien, illustre à la perfection le goût de Williamson pour les associations hétéroclites.

Une moquette noire moelleuse, éclairée par une structure en néons aux couleurs variables, mène à l'étage. Sur un autre pan de mur, une ramure de cerf surmonte une collection de photographies représentant des amis, des mannequins et quelques acteurs fétiches portant des créations Matthew Williamson. Et comme pour montrer qu'il ne se cantonne pas au style hippie chic, Matthew a choisi pour sa chambre un papier peint noir et blanc, œuvre du duo de créateurs Rodnik. Vu de près, l'imprimé floral révèle un motif macabre de côtes et de moelles épinières entrelacées. La chaise de style années 1960 disposée près du papier peint est le fruit de sa récente collaboration avec les maisons Cappellini et Pucci. Preuve que son intérêt pour les grandes maisons n'a rien d'une obsession, le couvre-lit est un modèle choisi dans sa propre collection pour Habitat, et les lampes de chevet à piètement de verre sont de chez John Lewis.

Sans cesse en transit entre l'Italie, l'Inde, l'Angleterre et le Maroc, Matthew Williamson a fait de sa maison un véritable sanctuaire dans lequel il aime se détendre et recevoir ses amis. La cuisine n'est pas son activité favorite, mais c'est un expert dans l'art des cocktails et un hôte hors pair qui sait retenir ses amis jusqu'à l'aube. Chacune des pièces de sa retraite londonienne où se côtoient classiques du design contemporain, papier peint décoratif et tons fuchsia, est empreinte de ce style éclectique qui lui est propre.

Amoureux depuis longtemps des objets en néon de Rob et Nick Carter, Matthew a souhaité éclairer sa maison d'un arc-en-ciel fluorescent, véritable sculpture moderne accrochée au mur.

Atmosphère contrastée au salon : sol en caoutchouc blanc, carreaux miroirs de chez Intertiles, orange fluorescent de la fenêtre, canapé bleu électrique et service à thé noir et blanc de chez Mint.

Dans la chambre, harmonie entre la chaise Pucci et le dessus-de-lit créé par Matthew pour Habitat. À noter, le motif original du papier peint Rodnik sur la cheminée.

Dans la cuisine, les murs d'un vert éclatant accueillent une collection d'objets. Une lampe Bouddha de l'éclairagiste Shiu-Kay Kan distille sa lumière rose. Citronnier et oranger apportent une touche méditerranéenne à la petite cour où il fait bon s'asseoir sur la chaise de jardin de chez Petersham Nurseries tapissée par Maureen, la mère de Matthew, d'un tissu acheté chez Pucci.

À gauche, petit canapé Liberty et sa pile de coussins multicolores. Dans la salle à manger, la desserte verte, surmontée d'un miroir Tan-Rokka, accueille des vases Absolute Flowers. Un lustre « dégoulinant » de chez Mint éclaire la table ronde Eero Saarinen et les chaises Eames. Dans la chambre, les murs et la moquette noire offrent un contraste saisissant avec le vert fluo de la table de nuit.

NW3

THE SNIPPY WORLD OF NEW YORKER FASHION ARTIST
UTZON
Edition Blondal
ANDY WARHOL
"GIANT" SIZE

JO BERRYMAN
HAMPSTEAD

Le rock'n'roll rencontre la haute couture dans cette maison édouardienne en briques, où les clins d'œil espiègles à la culture britannique contrastent avec un esprit boudoir sophistiqué.

La styliste Jo Berryman, résolue à emménager avec sa famille dans Hampstead, a longtemps arpenté le quartier avant de s'arrêter au printemps 2005 devant cette grande maison en briques rouges. Le magnolia du jardin donnant sur la rue était en fleurs, la façade baignée de lumière. « La maison avait beaucoup d'allure, se souvient Jo Berryman. En franchissant le pas de la porte, j'ai tout de suite compris qu'on pouvait en faire quelque chose de très beau. » Après six mois de travaux de réaménagement, Jo Berryman a entrepris d'écumer les marchés aux puces et les dépôts de matériaux anciens pour faire de sa maison un écrin d'expression personnelle.

Elle a choisi de faire du rez-de-chaussée un vaste espace de réception et de distribuer de part et d'autre du large escalier en bois une cuisine-salle à manger avec un accès au jardin de derrière, et un salon qui s'étend sur toute la largeur de la maison. L'ambiance industrielle et épurée de la cuisine Boffi tranche avec l'atmosphère plus nostalgique du reste de la maison. Un emmarchement permet d'accéder à la salle à manger conviviale située en contrebas sous un vélux, et dont les fenêtres donnent sur le jardin. Les tons aubergine et gris argenté du salon ont été soigneusement choisis pour venir en contrepoint de la douceur rosée du magnolia que l'on aperçoit par la fenêtre. On trouve dans ce véritable magasin de curiosités un canapé circulaire des années 1970 et une table ronde en étain gravé à l'acide, dénichée au Alfies Antique Market. Pour délimiter deux espaces différents, Jo a utilisé deux coloris d'un même modèle de papier peint Cole & Son. Au fond de la pièce, côté jardin, un piano demi-queue blanc est installé sur un tapis Vivienne Westwood, le modèle « Squiggle » dessiné pour The Rug Company. Cette partie du salon est habillée d'un papier peint à motifs cachemire bleu pâle, mis en valeur par deux coffres chinois anciens laqués blanc et garnis de miroirs, et par de grandes jarres bleues dessinées par Mags, une amie de Jo.

Le premier étage est conçu comme une suite d'hôtel, avec une chambre, un salon d'essayage, un dressing et une salle de bains. Le lit est un modèle « Savoir de luxe », le n° 2 dessiné à l'origine pour le Savoy Hotel et commandé par Jo à cause de « son glamour hollywoodien un peu suranné agrémenté d'une touche de Château Marmont ». Pour sa chambre, Jo avait en tête « l'image d'une starlette hollywoodienne étendue sur un tapis en peau de zèbre et vêtue d'un déshabillé champagne ». Pour parfaire cette atmosphère années 1930-1940, elle a déniché de délicates tables de chevet en galuchat et des lampes Art Déco à abat-jour frangé. À défaut d'une vraie peau de zèbre, Jo a sélectionné un modèle signé Diane von Furstenberg pour The Rug Company. Aux murs, une petite collection de nus met côte à côte une huile de David Cobley (dont l'œuvre est exposée à la National Portrait Gallery) et une reproduction achetée chez Fandango Interiors à Islington. L'inscription « Love Me » réalisée en lettres d'or par la graffiteuse new-yorkaise Julia Change, est une des grandes fiertés de Jo. Côté opposé, une baignoire bateau en étain trône sous la fenêtre du salon d'essayage. Près de la baignoire, Jo a disposé un bien de famille insolite : une table baroque en bois sculpté avec un œuf, en bois lui aussi, suspendu entre les pieds. « Elle a un air furieusement maçonnique, estime Jo, mais elle pourrait aussi bien venir d'Inde. » Jo prend un bain tous les soirs sans exception et apprécie ce moment de méditation solitaire qui lui permet de refaire le fil de la journée qui vient de s'écouler. La salle de bains, saturée de miroirs et de marbre, est une pièce beaucoup plus fonctionnelle. Largement inspirée du Mercer Hotel, un hôtel de luxe du quartier de SoHo à New York, elle possède un grand lavabo et une salle de douche en marbre équipée de bancs, qui fait aussi office de hammam.

Au deuxième étage, Jo a aménagé un nid douillet avec une vue imprenable sur les toits de Londres et sur les cimes de Hampstead. C'est le seul endroit où sont admis les CD et les DVD, car Jo fuit les postes de télévision et les chaînes hifi. Très british, la décoration multiplie les clins d'œil détournés à l'Union Jack, dont une tapisserie brodée au mur et un coussin couleur tabac, une autre création de Vivienne Westwood pour The Rug Company. À l'occasion de cet emménagement, Jo s'est découvert une passion pour l'architecture d'intérieur au point d'envisager d'en faire son nouveau métier. En attendant, elle savoure cet intérieur excentrique et inspiré.

Un lapin en bois aux aguets sur une pile de livres d'art et de design, devant un papier peint « Mimosa » de chez Cole & Son.

Dans le bureau de **J**o, chaise et table de travail ont été achetées chez **R**etrouvius, entreprise spécialisée dans le mobilier de récupération de qualité. **L**'escalier dans l'entrée est d'origine ainsi que les planchers à la teinte gris fumé. **D**ans le salon, jeu de contrastes : papier peint à impressions « plume » **C**ole & **S**on, pare-feu ancien à motif de roses et tableau saisissant de **D**amien **H**irst au-dessus de la cheminée.

Comme un salon, la superbe salle de bains-dressing avec ses rideaux Osborne & Little, son tapis d'inspiration africaine dessiné par Diane von Furstenberg pour The Rug Company et ses chaises galbées George Smith, incite au repos. Dans la chambre, les tables de nuit des années 1970 en galuchat apportent une touche masculine et s'accordent parfaitement aux lampes Art Déco.

BEATLES
KURT COBAIN
JOURNALS

Humour et ambiance cosy toute britannique avec ce canapé Chesterfield – le velours prune lui a redonné une nouvelle jeunesse – et la tapisserie « Jubilé » réalisée par Lucinda Chambers pour The Rug Company. Les trouvailles kitsch de Jo, comme le petit tableau d'un yorkshire ou la chaise style rococo chinée au Alfies Antique Market voisinent fièrement avec la collection de disques de platine de Guy.

NW3

I ♥ THE RESTROOM TO MYSELF
I ♥ TOUCHING BASE
I ♥ AN EMPTY IN-BOX
I ♥ BACKSTABBING
I ♥ SICK DAYS
I ♥ ANSWERING MY PHONE IN A FOREIGN ACCENT
I ♥ WIN-WIN
I ♥ KISSING ASS
SUPERMAN
friendly DOG
hello
Kiss me
I ♥ OVERTIME
I DON'T DO MINGERS
I ♥ MY EXPENSE ACCOUNT
I ♥ NICE PEOPLE
I ♥ NY
I ♥ PORN SPAM
i love you
Je t'aime
ANGEL
I ♥ PAINTING NAILS WHITE
I ♥ MINIMIZING WINDOWS
trouble
Well, Aren't We Just A Ray Of Fucking Sunshine
I ♥ LEANING BACK IN MY CHAIR
I LOVE YOU
BEE-OTCH
I ♥ NEW TONER
Vivienne Westwood
I ♥ PRETENDING LIKE I'M ON THE PHONE
LUCY
LOVE
Renaissance
I ♥ SNEAKERS AND STOCKINGS

HARVEY BERTRAM-BROWN
HAMPSTEAD

Cet intérieur branché et sophistiqué a été conçu par un directeur artistique à un moment charnière de sa vie.

La conception d'intérieurs exubérants est une seconde nature chez le styliste Harvey Bertram-Brown. Avec Carolyn Corbett, sa condisciple du Royal College of Art, il dirige l'agence de design The New Renaissance dont les missions vont de la décoration des vitrines du grand magasin de luxe Harvey Nichols au conseil en image auprès de Boy George, en passant par la réalisation de clips pour Elton John. Mais Harvey voulait faire de sa propre maison un havre de paix. Après une rupture amoureuse, Harvey a décidé de prendre un nouveau départ et de troquer son appartement pour une maison. « Je voulais pouvoir passer la porte d'entrée et me sentir chez moi », explique-t-il. Il lui fallait assez d'espace pour installer une chambre d'amis, une chambre d'enfant (pour recevoir ses sept neveux et nièces), et un grand bureau. Ses recherches se sont vite transformées en un travail à plein temps, malgré le concours de huit agents immobiliers. Pendant quatre mois, Harvey a consulté les annonces sur internet et circulé dans Hampstead à la recherche d'une propriété à vendre. Après une centaine de visites infructueuses, Harvey a fini par trouver la maison idéale, une propriété restée vide pendant plus d'un an. « C'était une véritable cage à lapins, avec des pièces minuscules », se souvient Harvey. Mais là où tous avaient passé leur chemin, il a su déceler un potentiel.

Harvey a très vite choisi le blanc comme couleur dominante, et fait appel à une entreprise spécialisée pour tapisser toute la maison, du sol au plafond, d'un revêtement blanc en caoutchouc utilisé d'ordinaire dans les laboratoires. Résolu à habiller les fenêtres de rideaux en tulle semblables à ceux du Sanderson Hotel, il a fini par trouver chez Habitat des rideaux à franges bien plus abordables, qu'il a taillés à la largeur des fenêtres. Seul le salon intimiste, décoré dans les tons chocolat, lilas et blanc, rompt avec la règle chromatique générale. Une lampe chromée signée Tom Dixon et un oiseau-miroir trouvé chez Aria témoignent de son goût des surfaces réfléchissantes. La décoration de la pièce joue sur les textures, avec un tapis en peau de vache, un canapé en daim, des meubles de rangement en bois ciré et un papier peint gris et lilas.

Harvey reçoit beaucoup et voulait une cuisine parfaitement adaptée à ses besoins. Il a travaillé avec un designer pour créer un espace à sa mesure équipé de plans de travail en granit et d'un revêtement vert brillant. Pour éclairer la table, il a choisi une suspension des années 1960. Tout est impeccablement rangé : « Le désordre me rend claustrophobe, explique Harvey. J'ai mis des rangements partout. J'adore le fouillis des cuisines de grand-mère, mais je ne pourrais pas y vivre. J'ai besoin d'espace pour respirer, surtout après une grosse journée de travail ». L'esthétique industrielle du bureau se teinte d'accents romantiques : un bouquet d'ampoules, qui fait office de lustre, et un meuble de rangement en inox se détachent sur le feuillage d'un papier peint Cole & Son. Aux murs, de petites vitrines contiennent une collection de photographies et de souvenirs qui retracent les dix-sept années d'existence de The New Renaissance. Harvey est particulièrement fier de cette trouvaille, une alternative élégante « aux ramasse-poussière envahis de bibelots et aux albums photo que personne n'ouvre jamais ».

Dans la chambre, cette atmosphère sophistiquée est nuancée d'une touche bohème chic destinée à créer « une ambiance vraiment romantique ». Le lit et le fauteuil de style Louis XIV ont été peints en blanc pour contraster avec le noir satiné des tables de chevet, d'un meuble de rangement laqué et d'un lustre d'inspiration contemporaine. Harvey s'est aussi créé un dressing à la Carrie Bradshaw, l'héroïne de *Sex and the City*, où les vêtements, rangés par couleur, sont facilement accessibles. Pour les chambres d'appoint, il a laissé libre cours à son imagination : des coussins rose métallique et une salle de bains rétro pour la chambre d'amis ; un motif forestier et un clin d'œil à Grosminet pour la chambre d'enfant. Sa maison foisonne d'objets rapportés de ses nombreux voyages professionnels à l'étranger, comme ces peaux rose fluorescent ramenées d'Afrique du Sud. L'énorme poste de télévision style années 1960 a été acheté en souvenir d'une collaboration avec Elton John, et les coussins roses de la chambre d'enfant, dont les lettres cousues forment le mot « Love », ont été récupérés sur le tournage d'un clip de la chanteuse britannique Rachel Stevens.

S'installer dans sa nouvelle maison a permis à Harvey de tirer un trait sur un chapitre de sa vie et de repartir sur de nouvelles bases. Il a vendu la plupart des objets qui meublaient son appartement pour ne garder que ceux auxquels il était vraiment attaché : ses photographies, ses affiches et son canapé favoris. La création de cet intérieur dynamique et contemporain a été pour lui une expérience véritablement cathartique.

Le caniche adoré de Carolyn Corbett peut se vanter d'avoir la niche la plus stylée de tout Londres grâce au talent artistique d'Harvey !

E

Le miroir est un cadeau de **Boy George** provenant de l'appartement new-yorkais du chanteur dans les années 1980. Atmosphère rétro dans la salle de bains de la chambre d'amis avec lavabo et baignoire **Bathstore**.

Double page suivante : dans la cuisine faite sur mesure, plans de travail en granit et revêtements muraux vert anis **Glass Deco**. Céramiques **Jonathan Adler** et tabouret « **Bombo** », création de **Stefano Giovannoni**.

NW3

or DEPOSITING
this FIELD will
ROSECUTED.
R. LITTLE,
BANK FOOT,
NEWTON REIGNY.
1923.

GILLIAN ANDERSON-PRICE
HAMPSTEAD

On décèle immédiatement l'œil aguerri du collectionneur dans ce cottage géorgien du nord de Londres, propriété d'une antiquaire.

En emménageant à Hampstead, Gillian Anderson-Price redoutait que son fils Sevy ne s'ennuie dans un quartier résidentiel plutôt traditionnel. Mais l'atmosphère des salons de thé à l'ancienne, la boulangerie et le fleuriste situés à deux pas de chez elle ont fini par avoir raison de ses inquiétudes. Gillian a suivi les pas de sa mère Judith, antiquaire à Corbridge dans le Northumberland, et ouvert sa propre boutique baptisée Judith Michael & Daughter sur Haverstock Hill à Hampstead en 2002, avant de la transférer à Primrose Hill en 2005. Celle de sa mère a fermé depuis, et la boutique de Gillian est devenue le miroir de son propre monde intérieur. C'est un lieu intimiste où se côtoient livres anciens, collections de vieux magazines, vaporisateurs à parfum et chandeliers.

Elle a acheté ce cottage à la famille Shepherd, qui le possédait depuis le XVIIIe siècle. Cette maison chargée d'histoire a probablement été construite pour héberger les domestiques d'un des somptueux manoirs de Hampstead, mais Gillian préfère l'image de la « maison de poupée » : « Je l'appelle comme ça parce qu'elle est minuscule ». Le plan intérieur d'origine était désuet : quatre chambres à l'étage et une salle de bains au rez-de-chaussée dans l'arrière-cuisine. Aussi Gillian a-t-elle choisi de transformer une des chambres en salle de bains : « Je ne voyais pas la nécessité d'avoir quatre chambres dans une si petite maison ! », s'amuse-t-elle. Pour gagner de l'espace, elle a fait construire une extension sur le jardin qui lui a permis d'installer la cuisine et un jardin d'hiver. Le jardin extérieur, lui, s'est trouvé réduit « à la taille d'un timbre poste ». Mais elle ne regrette pas ces aménagements : « L'espace que nous avons gagné à l'intérieur est beaucoup plus utile que celui que nous avons perdu à l'extérieur ».

Parmi sa collection d'antiquités, Gillian n'avait que l'embarras du choix. Heureusement la maison imposait d'emblée un certain nombre de contraintes. L'escalier était tellement étroit qu'il interdisait de monter à l'étage autre chose que des meubles démontables ou des objets de petite taille. Le rez-de-chaussée lui a laissé plus de libertés, comme en témoigne la présence de la grande table à manger installée près d'une peinture sur acier de Rory Dobner. La plupart des portraits peints à l'huile appartenaient à sa grand-mère, comme son préféré qui représente un jeune garçon sur un sofa. Le salon, où le XVIIIe siècle se confronte à l'époque victorienne et les années 1930 au XXIe siècle, joue sur l'opposition entre le très ancien et le contemporain le plus actuel.

Pour atténuer le violent contraste de noir et de blanc dans la salle de bains, Gillian a habillé les fenêtres de broderies noires et déployé une partie de sa collection de miroirs à main en ébène d'époque victorienne. Si elle s'était écoutée, elle en aurait couvert tout un pan de mur mais un ami l'a convaincue qu'elle obtiendrait un meilleur effet en les alignant à hauteur des yeux. « Les collections m'ont toujours fascinée, dit-elle. Peu importe ce que l'on collectionne, tout tient à la manière dont les objets sont exposés. » Elle reconnaît volontiers que le motif du drapeau dans la chambre de Sevy, qui l'a amenée à collecter les étendards à accrocher aux murs et les Union Jack dans lesquels confectionner des coussins et des dessus-de-lit, est devenu une obsession. Pour donner à sa propre chambre mansardée une allure de cachette secrète, elle a revêtu les murs d'un papier peint Cole & Son et garni les fenêtres de larges découpes d'un taffetas trouvé chez Zoffany. Ses meubles favoris, un lit bateau et une armoire, sont arrivés à l'étage en pièces détachées. Un châle en satin jeté sur un fauteuil ancien, avec une collection de bougies et de bagages à main savamment disposés, ajoutent à l'ambiance romantique. Plutôt que de se contenter de collectionner les crucifix anciens, Gillian a jeté son dévolu sur les *globus cruciger* (orbes surmontés d'une croix). Une de ses dernières trouvailles est mise en évidence sur sa table de chevet, sous un panneau en bois qui fait partie de ses objets fétiches.

Gillian doit quitter la maison à quatre heures du matin au moins une fois par semaine pour les besoins de sa boutique. Si elle s'oblige à laisser au magasin ses plus belles prises, elle possède un talent incomparable pour mettre en valeur même les pièces les plus éclectiques et les moins précieuses. Sevy commence lui aussi à s'intéresser au commerce familial. Il a rapporté pour la première fois à la maison un objet choisi dans la boutique : un toucan victorien dans une boîte en verre avec des scarabées à l'intérieur. Ce n'est pas leur déménagement à Hampstead qui ramènera Gillian et Sevy dans le chemin conventionnel !

Un « globus cruciger » provenant d'une église française trône sur la table de nuit de Gillian. Au mur, papier peint « Woods » de Cole & Son.

Tableaux en provenance du magasin et portraits de famille côte à côte dans la montée de l'escalier en bois qui mène aux chambres. Dans la chambre, le placard du XVIIIe siècle sert de dressing et plusieurs malles anciennes sont utilisées en guise de rangements. Dans le salon, d'autres malles servent de tables d'appoint. Le portrait à l'huile appartenait à la grand-mère de Gillian.

Give a damn.

Noir et blanc graphique pour la salle de bains avec sa collection de miroirs à main en ébène d'époque victorienne. L'Union Jack, le drapeau britannique, est en vedette dans la chambre de Sevy : housse de couette, guirlande et même tapisserie ancienne au-dessus du lit. Papier à motif cachemire rouge pour les toilettes du rez-de-chaussée. Sacs vintage et châles suspendus à la porte en harmonie.

La salle à manger révèle le talent de Gillian pour mélanger les styles : le tableau de Rory Dobner sur un support en acier inoxydable a trouvé sa place à côté du mobilier victorien et du chandelier en argent.

Dans le jardin d'hiver à la belle lumière, Gillian expose divers objets qu'elle change régulièrement de place comme ce portrait de la jeune reine Elizabeth II ou des planches d'anatomie posées au sol.

NW6

MARTHA KREMPEL
BRONDESBURY

L'aménagement de cette villa victorienne idéalement située dans une rue paisible du nord-ouest de Londres a été conçu par une jeune architecte d'intérieur.

Ses études aux Beaux-Arts à la fin des années 1980 ont orienté Martha Krempel vers les structures monumentales en béton et en acier. De cette passion précoce pour les compositions en trois dimensions, elle a gardé un goût particulier pour les intérieurs et le mobilier. Une de ses premières missions a été la réalisation de l'aménagement intérieur des studios de photographie Big Sky à Islington, conçus par l'architecte mexicain Luis Barragán. « Nous avons divisé l'espace en gros blocs de couleurs séparés par d'étroits couloirs pour ménager des effets de perspective », raconte-t-elle. Elle a ensuite collaboré avec la créatrice de mobilier Tanya Thompson avant de fonder sa propre agence d'architecture d'intérieur. Martha préfère les commandes privées aux projets commerciaux : « Les liens sont beaucoup plus personnels, explique-t-elle. Il y a beaucoup d'empathie et même un peu d'accompagnement psychologique ».

Martha et sa famille ont emménagé dans leur nouvelle maison de Brondesbury au moment de l'éclipse de l'an 2000. C'est une villa victorienne spacieuse, avec un grand jardin bordé de vieux arbres : un luxe pour la vie de famille. « Cette intimité est un privilège incroyable à Londres », reconnaît Martha. La salubrité du bâti a permis à Martha de se consacrer pleinement à l'aménagement intérieur. « Nous sommes arrivés avec seulement une armoire, un lit en métal peint en blanc et une table », raconte-t-elle, se souvenant aussi que sa petite fille de sept mois ne pouvait se tenir à aucun meuble pour apprendre à marcher. Elle s'est concentrée sur les couleurs et les textures, associant imprimés Marimekko, tissus rétro et tapis en peau de mouton pour créer une atmosphère chaleureuse et vivante. Quand une œuvre d'art manquait pour créer l'effet voulu, Martha s'est arrangée pour dénicher chez Marimekko ou chez Maisonnette un imprimé qu'elle a tendu sur un cadre en bois. Une délicate photographie de Nigel Shafran, qui représente un arbre dont les branches laissent entrevoir un nid d'oiseau, donne la réplique à une collection de bougeoirs en verre sur la tablette de la cheminée. Une toile de sa fabrication encadrée par deux lampes en verre soufflé et un coussin de banc Marimekko inondent le hall d'entrée de couleurs.

Martha a installé son atelier à l'arrière de la maison, dans une pièce donnant sur le jardin. Elle travaille sur un bureau danois en bois de rose des années 1950 éclairé par une lampe dont elle a réalisé elle-même l'abat-jour avec une chute de papier peint Cole & Son (le modèle « Woods »). Le canapé Chesterfield d'époque a été acheté à une vente aux enchères, les coussins rétro ont été acquis chez Conran Shop. Derrière le Chesterfield, une œuvre du graphiste Peter Saville côtoie au mur un crâne d'animal ramené du Mexique. Martha aime marier le mobilier ancien et contemporain : elle a assorti dans la pièce à vivre un canapé B&B Italia à une chaise années 1950 et une table basse ancienne à un tapis The Rug Company. Sur le mur du petit salon, des photos encadrées des enfants sont disposés de façon asymétrique. Dans la même pièce, la lampe années 1960 vient de chez Mint et le fauteuil est un classique de chez George Smith. Pour la décoration de sa chambre, Martha a laissé s'exprimer son style bien à elle. Certains accessoires ont été créés par des amis, comme l'épais tapis en peau de mouton signé Tanya Thompson ou encore les edredons et le jeté de lit dessinés par Nikki Tibbles *(voir la maison de Nikki Tibbles p. 214)*. La commode et les tables de chevet accueillent un assortiment de vases anciens et contemporains. Martha n'a pas hésité à revisiter une chaise années 1950 qu'elle a peinte en rose pivoine pour égayer la chambre. Elle a complété la décoration de la salle de bains d'une de ses toiles réalisée avec un tissu trouvé chez Liberty.

Rares sont ses collègues qui s'estiment pleinement satisfaits de leur intérieur, et Martha ne fait pas exception. Elle songe déjà à réaliser certains aménagements, à déplacer par exemple la cuisine côté jardin et à utiliser l'espace libéré pour en faire un terrain de jeux. Ses deux enfants adorent pouvoir disposer de tout le rez-de-chaussée pendant qu'elle et son mari Blair s'installent pour un moment de détente dans leur jardin isolé du monde.

Dans la chambre de Martha, un vase Absolute Flowers étonnant prend la pose devant le papier peint « Anemone » de la collection Neisha Crosland.

Havre de douceur pour la chambre : tête de lit en cuir Conran et tapis en peau de mouton Tanya Thompson pour Made. Dans un coin, un lampadaire funky de Mint éclaire un fauteuil George Smith.

Le bureau de Martha accueille un meuble en bois de rose de Boom Interiors, une lampe à abat-jour fait sur mesure dans un papier peint « Woods » de Cole & Son et des rideaux Marimekko lumineux.

Le canapé B&B Italia du salon est assez grand pour accueillir toute la famille. Martha a remplacé le dessus en verre de la table basse par un tissu rose shocking. Le fauteuil, trouvé par sa mère dans la rue, a été retapissé. Couleurs chaudes pour la salle de bains avec un « tableau » fabriqué à partir d'un métrage de tissu Liberty et des rideaux confectionnés avec une étoffe fuchsia Designers Guild.

NW6

BILL AMBERG + SUSIE FORBES
QUEEN'S PARK

Un créateur d'accessoires en cuir et une rédactrice de mode ont aménagé un intérieur à la fois contemporain et chaleureux dans cette maison victorienne de Queen's Park.

Jeune couple d'artistes, Bill Amberg et Susie Forbes étaient résolus à habiter un quartier phare de la vie culturelle londonienne. Ils ont élu domicile au dernier étage d'une maison en stuc blanc de Notting Hill. Au début des années 1990, Bill a créé sa marque de sacs et d'accessoires en cuir dans la tradition des grandes maisons britanniques, adaptée à l'esprit contemporain. Susie venait alors d'être embauchée comme rédactrice au magazine *Vogue* et travaillait avec des créateurs et des photographes britanniques parmi les plus en vue. Quinze ans plus tard, Susie est devenue rédactrice en chef du magazine *Easy Living*, et l'entreprise fondée par Bill distribue ses produits dans le monde entier.

Bill et Susie ont découvert Queen's Park par l'intermédiaire d'amis communs. Susie a d'abord hésité à s'installer dans ce « quartier paumé », mais elle et Bill ont fini par comprendre qu'il avait un potentiel énorme. Ils ont glissé un mot sous la porte des maisons qui leur plaisaient, « chose encore imaginable à l'époque » précise Susie, et quelqu'un leur a finalement vendu sa maison en 1996. Leur maison jumelle en briques rouges était aménagée selon un plan typiquement victorien, un long vestibule à l'entrée, avec des pièces petites et sombres. Soucieux de conserver à la maison son cachet d'origine, Bill et Susie ont longuement hésité avant d'ouvrir le rez-de-chaussée pour en faire une pièce unique en double exposition. « Ce réaménagement impliquait de sacrifier un peu de l'histoire de la maison, explique Susie, mais dans la configuration d'origine elle était vraiment trop sombre et exiguë. »

Susie, qui n'est pas du genre à faire étalage de sa réussite, a affiché une grande photo de Kate Moss en couverture de *Vogue* dans le cabinet de toilette du rez-de-chaussée. Cette maison de famille, avec son papier peint gris métallisé, sa mosaïque de miroirs et ses lampions marocains, pourrait aussi bien être un intérieur de rock star. Trois créations de Bill, un grand canapé en velours bleu, une console en cuir patiné et un bureau contemporain à piètement en inox, meublent le salon du rez-de-chaussée. Bill et Susie ont revisité un salon trois pièces de style Louis XIV plutôt conventionnel, repeint en blanc et recouvert d'un tissu rose tendre Designers Guild, et il constitue désormais la figure insolite de cette pièce.

Ensemble, ils ont conçu un intérieur tout sauf conventionnel. Plutôt que d'acheter du neuf, ils préfèrent commander des meubles sur mesure ou travailler avec des meubles anciens. Les éléments de cuisine et le meuble de rangement blanc ont été réalisés par un menuisier, et tous les revêtements, dénichés par Bill, proviennent de l'ancien St George's Hospital (devenu le Lanesborough Hotel). De son côté, Susie avait repéré d'élégantes chaises en nacre dans des boutiques de décoration, mais elle a préféré les faire venir directement d'Inde plutôt que de les acheter sur place. Elle a tapé « douze chaises indiennes en nacre » sur Google, et ses chaises sont arrivées de Jodhpur six mois plus tard. Elle est passée par l'intermédiaire d'Art and Decorative Objects, une société très compétente qui lui a envoyé des photos et s'est chargée de l'expédition.

Susie s'est aussi servie d'internet pour chercher des objets insolites pour la chambre de sa fille, ou simplement pour commander ce qu'elle ne trouvait pas ailleurs. Plutôt que d'acheter un lit superposé moderne, elle s'est inspirée d'un modèle repéré dans une revue, une sorte d'assemblage de deux lits anciens à colonnes, qu'elle a fait reproduire par La Maison, un fabricant spécialisé de l'East End. Elle a ramené de chez Anthropologie à New York des lettres en tissu pour former le nom de sa fille, qu'elle a suspendues à la couchette supérieure du lit superposé. Dans le même esprit sudiste, elle a déniché sur un site américain un papier peint floral vintage. Plus près de chez elle, elle a chiné un miroir et un lustre au marché aux puces de Portobello Road. Peut-être une concession faite à Bill, la chambre des parents est entièrement peinte en blanc dans un style plus sobre. Seules une tête de lit en fausse fourrure et une ottomane en velours rose dérogent à la règle en apportant de la couleur.

Susie semble un peu contrariée à l'évocation du parquet de la cuisine abîmé par les jeux d'enfants et des dessins gribouillés sur le cuir des tables de chevet, mais il y a quelque chose de rassurant à entrer dans une maison vraiment habitée plutôt que dans un écrin de designer. Cette maison a une âme qui reflète celle d'une famille pleine de vie, conduite par des parents créatifs.

Sur le papier peint ancien, les lettres en tissu du magasin Anthropologie de New York forment le prénom « Poppy ».

La console gainée de cuir et le sofa en velours bleu du salon ont été conçus par Bill. Repeints en blanc, les fauteuils de style Louis XIV ont été recouverts d'un tissu rose Designers Guild. Le bureau de Bill ouvre sur le jardin. En cuir et bois, le bureau, la chaise et la lampe ont été faits sur mesure. La desserte contemporaine accueille les réalisations artistiques de la famille et des amis.

Les lits de la chambre de Poppy ont été commandés par Susie à La Maison et la commode provient des parents de Bill. Dans la cuisine, les chaises indiennes en nacre entourent la table achetée chez Habitat.

Le coin où se retrouve la famille pour regarder la télévision offre une ambiance orientale avec ses coussins et ses portes de placard « moucharabieh ». Dans le jardin, la remise de Bill déborde de ses trouvailles.

SE1, SE5, SE22, SW3,
SW6, SW7, SW9
BERMONDSEY
CAMBERWELL
EAST DULWICH
CHELSEA
PARSON'S GREEN
SOUTH KENSINGTON
BRIXTON

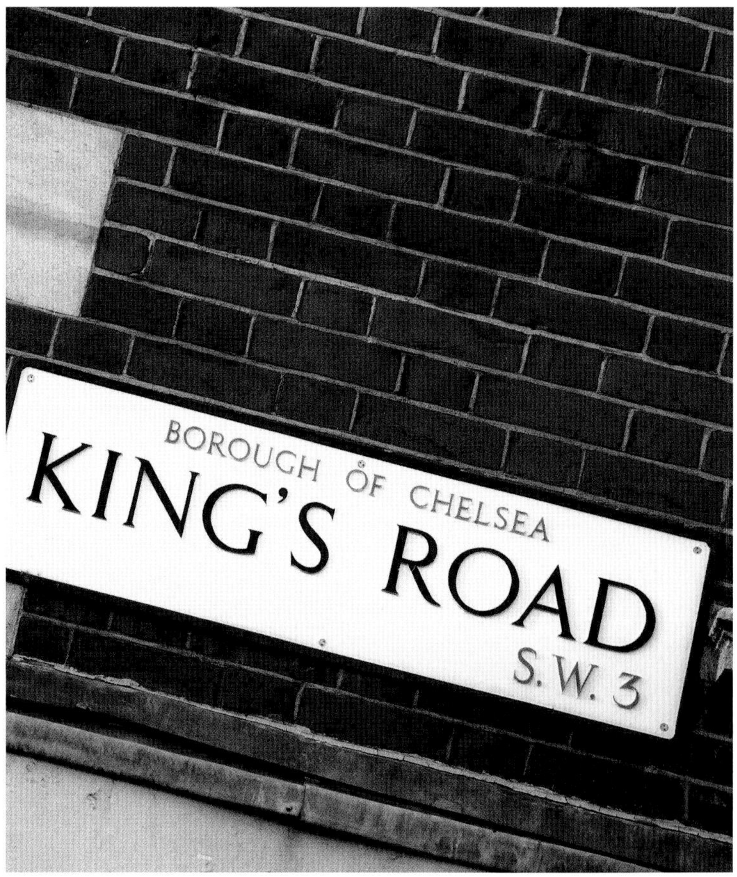
BOROUGH OF CHELSEA
KING'S ROAD
S.W.3

Pour préserver les quartiers aisés de la City et de West End, les brasseries, les usines à gaz et les usines de colles ont été volontairement implantées au sud de la Tamise. Bermondsey est ainsi devenu au XVIIIe siècle le centre d'activité du commerce de peaux. Le quartier a connu un revers de fortune avec le déclin de l'industrie du tannage au cours des années 1970, mais la conversion des anciens entrepôts en lofts ou en immeubles de bureaux lui a donné une nouvelle vie. L'inauguration à la fin du XIXe siècle du Camberwell College of Arts et de la South London Gallery ont fait de Camberwell un haut lieu de la création artistique. East Dulwich a évolué en un élégant faubourg verdoyant après l'inauguration de la station de chemin de fer de Dulwich en 1863.

En descendant la Tamise pour ordonner la construction d'un manoir à Chelsea, le roi Henri VIII a inauguré un processus inéluctable de mutation de cet ancien village de pêcheurs en un lieu de villégiature très apprécié de la famille royale puis des stars du rock'n'roll. Turner et Whistler ont habité les « terrace houses » géorgiennes de Cheyne Walk sur les bords de la Tamise, et le quartier a encore gagné en notoriété quand Keith Richards et Mick Jagger en ont fait leur résidence d'élection dans les années 1960 et 1970. L'ultime consécration est venue de la Couronne qui a décerné à la réunion Chelsea-Kensington le titre de Royal Borough en 1964, en commémoration de la naissance de la reine Victoria dans le palais de Kensington en 1819.

Brixton est lui aussi devenu un paradis après son désenclavement par l'arrivée du chemin de fer en 1862. Ses habitants ont eu le privilège de descendre la première artère commerçante éclairée à l'électricité dans le sud londonien, baptisée Electric Avenue et immortalisée par une chanson d'Eddy Grant. Dans les années 1980-1990, la criminalité, les émeutes raciales et le trafic de drogue ont terni son prestige mais la réouverture du Ritzy Cinéma et la renaissance de sa scène musicale lui ont rendu sa réputation de quartier parmi les plus dynamiques de Londres.

SE1

NORMAN ACKROYD
BERMONDSEY

Un artiste établi s'est laissé inspirer par cet ancien entrepôt d'un quartier de tanneries du sud de Londres.

Ces vingt-cinq dernières années, Norman Ackroyd a arpenté les Îles britanniques. Il a réalisé des dessins et des croquis qu'il a ramenés dans son atelier de Bermondsey pour en tirer des estampes et des eaux-fortes qui sont autant de souvenirs de ses périples. Élu à la Royal Academy of Arts en 1990, son œuvre est exposée dans plusieurs galeries britanniques et américaines. Ses travaux lui ont toujours dicté son mode de vie. Dans sa « terrace house » victorienne de Clapham, les imposantes presses entravaient le rez-de-chaussée au point de perturber la vie courante. Il s'est alors aperçu que pour le prix de sa maison, il pouvait acheter un château près de Glasgow ou un entrepôt désaffecté à Bermondsey.

Il a opté pour l'entrepôt, un espace aux volumes extraordinairement généreux pour un quartier central de la ville, avec un potentiel énorme. Après avoir examiné le bâtiment, un de ses clients expert en immobilier lui a rendu ce verdict : la construction était saine, mais présentait un nombre d'anomalies suffisant pour noircir « des centaines de pages ». Norman a quand même décidé de tenter sa chance, et il a emménagé avec sa famille en 1983. L'ancien entrepôt de tannerie datait de 1846, une époque où l'on ne connaissait ni les fondations en béton ni les ossatures en acier. La structure est entièrement faite de poutres et de planchers en bois et soutenue par une seule colonne massive. Les poutres doivent sans doute leur bon état de conservation au fait que les peaux étaient mises à sécher dans les combles sur les fermes du toit. L'industrie du cuir a déserté Bermondsey, mais certains noms de rues sont restés, comme Leathermarket, Tanner et Morocco. « J'avais l'habitude de courir le long des berges de la Tamise le matin très tôt, en passant devant des entrepôts qui dégageaient une odeur d'épices torréfiées extraordinaire, se souvient Norman. Tout cela a disparu, mais on trouve encore des noms comme Cinnamon Wharf ».

La mairie a imposé l'installation d'un escalier de secours en acier et l'isolation du sous-sol occupé par les machines hautement inflammables de Norman. Le fait que l'entrepôt n'ait jamais été habité a laissé à Norman une totale liberté pour l'aménager à son idée, le seul inconvénient étant qu'il fallait installer le chauffage central et l'eau chaude. « Mon père était boucher, et dans ma famille on a toujours vécu au-dessus du magasin. J'ai un peu cela dans le sang », raconte Norman. Sa propre famille a donc dû camper au premier étage avec un chauffage rudimentaire en attendant la fin des travaux. Les ouvriers ont commencé par la rénovation des planchers délabrés des étages et par la réparation de la toiture. Norman a pris le parti de laisser apparentes la plomberie et les conduites de chauffage pour être sûr d'obtenir un travail soigné. Les fils électriques ont été dissimulés le long des poutres. Les vélux ont été posés en 2005 : « Avec ces puits de lumière, on peut faire arriver le soleil au milieu de la pièce. C'est l'endroit idéal pour peindre des aquarelles ».

Une fois terminés les travaux de structure, l'étage supérieur avec sa charpente apparente a été aménagé en une immense pièce à vivre entièrement ouverte : l'endroit idéal pour jouer avec les enfants ou pour recevoir. « J'ai acheté deux douzaines de homards vivants, d'énormes bêtes trouvées sur le marché de Billingsgate, et des kilos de crevettes et de langoustines, raconte Norman. On a installé une table immense en plein milieu de la pièce et on a fait une fête énorme ». Norman a poussé un vaisselier en bois ancien contre le mur en briques brutes de la cuisine. Il l'a complété avec des étagères en bois et des rangées de casiers à bouteilles. Pour la chambre, Norman a cherché un compromis entre l'esprit industriel du lieu et le besoin d'intimité. Il l'a aménagée sous une verrière et a imaginé un lit à courtines habillé de grandes découpes de toile opaque montées sur tringle. Une double porte-fenêtre ouvre sur un petit toit-terrasse qui bénéficie de jolies vues sur Bermondsey High Street et sur l'ancien bâtiment orange et rose du musée de la Mode. L'étage dessert plusieurs espaces de travail que Norman utilise selon son activité du moment. Des meubles à plans sont devenus d'avantageuses tables de travail et les couleurs, les pinceaux et les flacons sont rangés dans de vieilles caisses à bouteilles en bois entreposées sur le palier.

« Quand je suis arrivé à Bermondsey, se souvient Norman, il y avait encore des endroits où l'on nettoyait, où l'on tannait et où l'on teignait les peaux, mais le quartier était complètement laissé à l'abandon. » Avec le déclin de l'industrie du cuir, nombre d'anciens entrepôts de Bermondsey ont été convertis en lofts ou en bureaux mais seul celui de Norman, avec ses espaces ouverts et son mobilier industriel, a su respecter l'esprit du lieu et perpétuer le souvenir du passé industriel de Bermondsey.

La palette d'aquarelle de l'artiste, presque un tableau à elle toute seule.

Au dernier étage dans le salon, la porte à deux battants servait autrefois à faire entrer les peaux hissées par le treuil en fonte. Assis dans la cuisine, Norman Ackroyd surveille l'avancement des travaux.

BREAD

Le piano à queue à l'étage a dû être hissé par une grue et passé par la fenêtre ! Peintures et pinceaux tapissent les couloirs tandis que les outils de bricolage sont conservés dans un meubles à plans.

Dans la cuisine, étagères sur mesure et vieilles caisses à bouteilles de vin servent de rangements. Dans le reste de la maison, photos et dessins sont matière à inspiration.

SE1

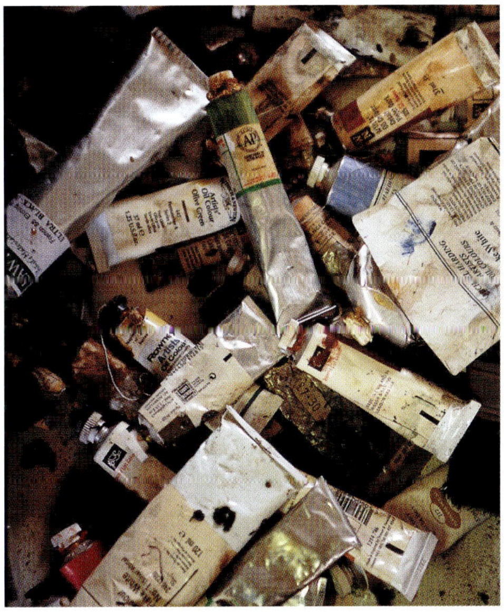

Dès qu'il y a du soleil, le toit-terrasse se transforme en solarium et **N**orman ouvre la porte-fenêtre. **C**omme dans la salle de bains, la vue sur les toits et les maisons voisines de la rue principale de **B**ermondsey est magnifique. **L**es panneaux coulissants en toile qui recouvrent les montants en bois du lit à baldaquin évitent le recours à des rideaux ou des stores occultants.

SE5

PEGGY PRENDEVILLE
CAMBERWELL

À Camberwell, l'architecte a su transformer une chapelle en un lieu de design contemporain, dans lequel elle a le bonheur d'habiter.

L'architecte d'intérieur Peggy Prendeville, spécialisée dans l'aménagement d'usines et d'entrepôts désaffectés, cherchait un espace de type industriel où emménager avec sa famille. C'est par un promoteur immobilier qu'elle a entendu parler d'une certaine chapelle à Camberwell. La chapelle appartenait encore quelques années plus tôt au Goldsmith College où le mari de Peggy, Tony Godfrey, critique d'art, avait donné des cours. Le bâtiment attenant était occupé par une résidence d'étudiants venue s'installer à la place d'un centre de formation pour futures enseignantes d'écoles de jeunes filles, Saint-Gabriel's College, construit en 1903 par l'architecte du mouvement Arts and Crafts, Philip Appleby Robson.

Les plans de la chapelle classée Monument historique devaient recevoir l'aval de l'English Heritage avant d'être mis en œuvre. Peggy a opté pour une structure contemporaine en verre plutôt que de tenter de recréer les décors d'origine. « J'ai pris beaucoup de plaisir à aller contre ma sensibilité naturelle, affirme Peggy. Cela m'a obligée à réfléchir plus que d'habitude à la manière d'aborder le projet ». Elle a pris soin de respecter le cahier des charges qui obligeait à ne proposer que des aménagements réversibles. Plutôt que de délimiter les pièces par des murs à ossature à claire-voie, elle a opté pour un système de panneaux en bois assemblés au moyen d'une menuiserie élaborée. Peggy est particulièrement attachée à la frise et aux inscriptions latines, qui courent en haut des murs à la charnière avec le toit. Elle a beaucoup utilisé le verre pour les balustrades et les étagères de façon à respecter la transparence du lieu.

À rebours de sa pratique habituelle plutôt centrée sur les pièces à vivre, elle a aménagé sous les combles de la chapelle une vaste chambre en plan ouvert. Même le lit a été réalisé sur mesure pour l'ajuster à la hauteur de la frise : « J'ai cherché à créer une tension harmonieuse entre les meubles contemporains et le cadre ancien dans lequel ils s'insèrent », explique-t-elle. Le lit a été confectionné dans un cuir chocolat tendre, et le coffre à couvertures assorti a été laqué à la main en Chine. La baignoire au galbe contemporain, habillée d'un tablier brun foncé qui imite la peau de serpent est sans doute la note la plus luxueuse.

De sa formation d'artiste illustratrice, Peggy a conservé une approche très picturale de la couleur. Elle n'a pas cherché à imiter le thème en vert et rouge de l'autel d'origine, mais a sélectionné une couleur aubergine pour le retable contemporain. Fervente admiratrice de Mark Brazier-Jones depuis des années, Peggy avait toujours eu du mal à intégrer ses créations dans ses aménagements. Aussi lui a-t-elle commandé, aussitôt après avoir signé l'achat de la chapelle, une paire de chaises, un bureau et une table à manger. Au lieu de se défaire de la cuisine rustique déjà existante, elle a suivi les conseils de son entrepreneur et habillé les portes d'acier poli. « C'était un sacrilège de mettre l'autel dans la cuisine, reconnaît Peggy, mais c'est ainsi que nous en avons hérité de l'ancien propriétaire ! » Les sièges en velours à assise haute ont été dessinés pour s'adapter au plan de travail de la cuisine car Peggy craignait que l'ensemble ne finisse par ressembler à un hall d'aéroport.

Les chambres sont cachées derrière des bancs d'église et une cloison en bois ouvragé est dressée à l'une des extrémités de la nef. On y accède par un escalier d'à peine 50 cm de large conçu pour réduire l'emprise au sol au minimum de façon à préserver le précieux dallage de marbre. Pour faire contrepoint de l'autre cote de la nef, elle a imaginé un espace galerie juste au-dessus de l'autel. C'est la pièce préférée de Peggy. L'éclairage a fait l'objet d'une attention particulière pour mettre en valeur ses œuvres d'art favorites, une sculpture de l'artiste portugais Graça Pereira Coutinho et des vases en céramique signés Mary Barclay. De l'autre côté de la chapelle, le regard s'arrête sur un groupement éblouissant de trois œuvres de John Walker, de Coutinho et de Ian McKeever alignées au-dessus d'une balustrade.

Le mariage de l'ancien et du contemporain est un des grands thèmes du design actuel, et un des défis les plus difficiles à relever. Peggy a su apporter à la rénovation de cette chapelle du début du XXe siècle son expérience des espaces industriels et combiner sa connaissance des techniques de construction traditionnelles acquise auprès de l'English Heritage avec sa passion du design.

Plutôt que de saturer la chapelle de références victoriennes ou de mobilier Arts and Crafts, Peggy a sélectionné le meilleur du design contemporain chez Saporetti, Missoni et Brazier Jones. Peggy et sa famille, qui ont toujours vécu dans des espaces ouverts, semblent s'épanouir dans les environnements insolites.

Au sol, la magnifique mosaïque en marbre de la chapelle date du début du XXe siècle.

Au deuxième étage, Peggy passe devant les rayonnages
de la bibliothèque de son mari, faisant écho à la photographie
accrochée au mur. **C'**est le précédent propriétaire qui a agencé
la cuisine près de l'autel.

Un écran en verre sépare la chambre de la fille de Peggy des bancs d'église en bois sculpté. L'escalier en colimaçon fait de pierre mène à la pièce à vivre du premier étage où Peggy a disposé des meubles contemporains plutôt que d'essayer de pasticher le mobilier déjà en place. Les murs rouge et vert, avec leurs motifs fleur de lis et le sol en marbre offrent un contraste étonnant avec la nouvelle mezzanine.

Caché derrière le panneau, se trouve un escalier très étroit afin de préserver le maximum du sol en marbre. Sur la mezzanine, Peggy a disposé ses objets favoris ainsi qu'une chaise Saporetti recouverte d'un tissu Missoni et une table basse B&B Italia. La chambre avec sa salle de bains se trouve au troisième étage sous la charpente. Le coffre à linge, fait sur mesure et laqué à la main, vient de Chine.

SE5

ERIN O'CONNOR
CAMBERWELL

La rénovation inspirée de cette maison géorgienne du sud de Londres est le fruit d'une heureuse collaboration entre un mannequin et une architecte d'intérieur.

Douze ans d'une carrière de mannequin couronnée de succès ont amené Erin O'Connor à vivre entre New York et Notting Hill avant d'acheter cette « terrace house » géorgienne à Camberwell en 2005. « J'ai choisi le sud de Londres, explique-t-elle, parce que le fait de franchir la Tamise me libère de mon univers professionnel. » Et Camberwell l'a séduite par son atmosphère étudiante. Erin a rencontré la créatrice d'intérieurs Suzy Hoodless lors d'une séance photos pour Mark & Spencer. Elle a été immédiatement conquise : « Ses intérieurs étaient des petits coins de paradis, se souvient-elle. En trente secondes, elle faisait d'un fouillis d'objets un décor inspiré ». Elle a acheté sa maison au mois de mars et commence à travailler avec Suzy en septembre. Suzy a tout de suite perçu le potentiel de cette construction classée : « C'était une très belle maison, avec de magnifiques volumes bien distribués. »

À tel point, raconte Erin, que « le problème a d'abord été de déterminer ce qu'il fallait éliminer. C'est plus facile de savoir ce que l'on veut faire d'une maison une fois qu'on a commencé à la dépouiller de son ancienne personnalité. » Suzy a accompagné Erin dans les salles des ventes et chez les antiquaires spécialisés. Elles n'ont rien laissé au hasard : après avoir pris les mesures de chacune des pièces, elles ont même emprunté des meubles pour faire des essais. « Nous nous sommes beaucoup amusées à choisir le mobilier. Suzy m'a tout appris, reconnaît Erin avec simplicité. Sans elle, je ne sais pas si j'aurais été capable de moderniser la maison sans en compromettre l'esprit d'origine. »

Les murs égrènent une série de portraits d'Erin, réalisés par les artistes et les photographes qu'elle a côtoyés ces dix dernières années. « Mes clients me demandent parfois de choisir entre de l'argent et des œuvres d'art, dit-elle. Je préfère investir dans les œuvres d'art en souvenir de mon travail. » Ces dessins et ces photographies sont « comme un journal des années passées, ils me rappellent où j'étais et à quel moment. » À chaque pièce est associée une humeur, un thème que les deux femmes ont illustré par des pièces de collection glanées ici ou là. La cuisine en sous-sol, avec son papier peint imprimé de théières, ses boîtes d'entomologie renfermant des papillons et son canapé fleuri, est sans doute l'espace le plus expérimental. Erin s'est enhardie sous l'influence de Suzy jusqu'à donner à cette pièce une allure très différente. Selon Erin, « la cuisine est vraiment le cœur de la maison. »

Des fauteuils en lin, des stores en toile de jute et un tapis en feuilles de palmier composent au rez-de-chaussée une ambiance calme et reposante. Suzy a voulu recréer une atmosphère fin du XVIIIe-début du XIXe siècle en associant une paire de canapés Chesterfield, un fauteuil à oreilles et une table à trois pieds typiquement géorgienne. L'ensemble est assorti d'un lampadaire années 1940 rouge orangé peint à la bombe et d'un audacieux crâne d'antilope suggérant des rapprochements entre ces formes. Il y a même deux « cabinets de curiosités » en verre remplis des trophées réunis par Suzy et Erin : des livres anciens reliés de cuir, de minuscules oiseaux empaillés dénichés au Dover Street Market et une couronne ancienne.

La garde-robe d'Erin était tellement volumineuse qu'il a fallu installer un salon d'essayage dans l'une des pièces les plus spacieuses de la maison. Suzy a rendu presque invisibles les portes de la penderie en les revetant d'un papier peint géométrique. Elle a commandé le tapis jaune néon chez The Rug Company et teint en bleu nuit un tissu de dentelle pour habiller les fenêtres donnant sur la rue. La coiffeuse est faite d'une valise pour appareil photographique posée sur un trépied devant une chaise transparente Philippe Starck. Dans la petite chambre d'Erin prédomine au contraire une nuance très douce de lilas cendré, déclinée sur une tête de lit peinte et des étoffes anciennes déposées sur le lit. Un nid cosy a été aménagé sous les combles : « C'est le genre d'endroit où l'on aime s'affaler à la fin de la journée. Je ne m'en extrais le week-end que pour aller acheter les journaux ». Suzy a fait faire spécialement un canapé d'angle en velours vert foncé qui offre un couchage supplémentaire pour les invités. Tous les coussins ont été confectionnés dans des tissus anciens ou des broderies Colefax & Fowler.

Après des années d'une vie de voyages, Erin était impatiente de poser ses valises. Avec Suzy, elle a créé un intérieur original et décalé, à l'image de sa personnalité singulière.

Les chaussons de danse d'Erin, accrochés à un mur du dressing, sont un souvenir du temps où elle prenait régulièrement des cours au Royal Ballet Company. Le papier peint est un motif original de Suzy Hoodless.

Au départ, le papier peint « théières », une fin de série qu'Erin et Suzy ont fait rééditer, ne devait recouvrir qu'un mur. Mais elles ont finalement décidé d'en tapisser toute la cuisine. Le salon est un mélange harmonieux de mobilier XIXe siècle et d'objets contemporains ou des années 1940, comme le lampadaire orange Serge Morris. Le rebord de la fenêtre haute permet au chat de faire le guet !

SE5

Dans le dressing, les portes de placard ont été masquées avec du papier peint. À la fenêtre, un voilage en dentelle teint en bleu nuit permet de s'abriter des regards. La coiffeuse semble sortir tout droit d'un plateau de prise de vues : fabriquée avec une mallette pour appareil photo en aluminium noir, elle repose sur un trépied de photographe. Au premier plan, une chaise Ghost de Philippe Starck.

SE22

ROB + JOSIE DA BANK
EAST DULWICH

Les voyages et la musique sont les principales sources d'inspiration de cette maison familiale située dans un quartier arboré du sud de Londres.

Le DJ Rob da Bank a fondé en 1995 un label intitulé Sunday Best, devenu le nom de soirées hebdomadaires parmi les plus fréquentées d'Ibiza en 2001 avant de s'inviter au festival de Glastonbury en 2003. Sa femme Josie et lui se sont rencontrés à l'âge de dix-huit ans et ont toujours vécu et travaillé ensemble. Ils ont conjugué leurs talents pour créer en 2004 leur propre festival, le « Bestival » basé sur l'île de Wight. « Nous avons lancé le Bestival parce que nous partageons une même vision du monde, explique Rob. Le Bestival est un mariage entre ma passion pour la musique et le sens du design de Josie ». Quatre ans plus tard, les Beastie Boys, The Chemical Brothers et Primal Scream figurent parmi les têtes d'affiche du festival. « Il y a beaucoup de gens qui passent le meilleur week-end de leur vie au festival, ils se marient et reviennent avec leurs enfants, et ils y rencontrent d'autres gens qui deviennent leurs meilleurs amis. Ils font au Bestival des expériences qui marquent leur vie », raconte Rob.

Rob et Josie ont emménagé à East Dulwich dans le sud de Londres en 2002, l'année où Rob est devenu DJ pour Radio 1 à la BBC. Les murs de leur maison située dans une rue en arc de cercle ne sont pas tout à fait droits, mais ils sont tombés amoureux de son allure originale et décalée. Son cachet atypique lui venait notamment de la présence incongrue d'un vaisseau spatial dans le jardin et d'un lit coincé sous les combles triangulaires. L'approche privilégiée par Rob pour la rénovation de la maison a consisté à partir en vacances et à confier à d'autres le soin de décoller le vieux papier peint gaufré, de sabler les planchers avant de les peindre en blanc et de refaire la cuisine. Le couple a amené très peu d'affaires avec lui et le problème principal a été de stocker les disques de Rob. La mansarde triangulaire s'est transformée en studio idéal pour Rob, qui n'a eu qu'à installer des étagères dans les niches pour y ranger ses vinyles. Un an plus tard, Rob et Josie sont partis en expédition à la recherche d'objets insolites pour décorer leur maison. Ils ont rapporté des posters des années 1950 édités pour la tournée australienne d'un cirque polonais et des affiches Bollywood dénichées dans une brocante à Udaipur pour la chambre de leur fils Arlo.

Créatrice de tissus, Josie a mélangé des imprimés Marimekko et des étoffes indiennes dont elle a confectionné elle-même des coussins et des rideaux. C'est elle qui dessine les tentes bariolées du Bestival qu'elle orne de lampes et de tissus vintage. Sur le ton de la plaisanterie, Rob parle de leur emménagement comme de l'inauguration du musée de meubles de Josie, qui passe beaucoup de temps en allers-retours entre chez elle et les brocantes du quartier. Elle a négocié le buffet du salon pour environ 200 euros au lieu de 630 et chiné le vaisselier jaune et la banquette en bois garnie de coussins indiens chez Carrier, un brocanteur des environs.

Les objets les plus insolites de la maison ont été offerts par Rob à Josie, comme la lampe en forme d'ananas, la génoise en tricot qui décore un plat à gâteaux sur le vaisselier, et une tête de lion. Les murs sont couverts d'illustrations chinées ou offertes par des amis, mises en valeur par des cadres anciens. Josie a déniché une image de derrick dans une benne à ordures, une peinture indienne ancienne sur un marché aux puces nocturne et des estampes dans une vente de charité. Le confortable canapé en velours couvert de coussins indiens et marocains vient de chez Habitat.

Une tête de vache en papier mâché garnie de guirlandes est accrochée en haut de l'escalier en bois blanc qui mène à la salle de bains. Pour lui redonner un coup de fraîcheur, Josie a trouvé des carreaux en miroir et un tapis chez Cath Kidston. Pour la chambre à coucher, elle a choisi un papier peint à la main Neisha Crosland dans les tons grège et accroché aux murs des dessins indiens au crayon. Elle a repéré le lustre et le lit en bois massif dans une vitrine du quartier, mais le dessus-de-lit vient de Jaipur. Malheureusement, les magasins qu'elle avait l'habitude de fréquenter ferment les uns après les autres à mesure qu'East Dulwich s'embourgeoise.

La maison a été le point de départ du Bestival, que Rob et Josie ont imaginé autour de la table de la cuisine, des créations textiles de Josie et même de l'installation d'un studio pour Rob. Après avoir beaucoup voyagé, ils aiment passer du temps à la maison, dans cet espace qui exprime si bien leur passion pour Bollywood, le style marocain et les festivals de musique.

Le petit singe tricoté, propriété d'Arlo, fils de Rob et Josie, sur un jeté de canapé du Pakistan.

SE22

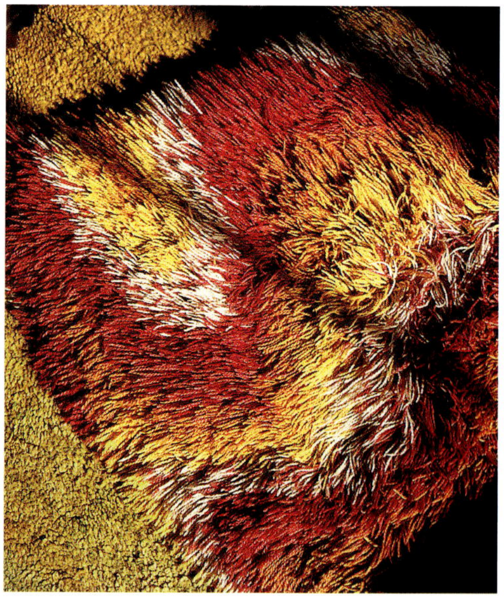

La maison regorge d'objets décoratifs, notamment une tête de tigre coiffée d'un haut-de-forme (Arno croit qu'elle est vivante !), chinée dans un magasin de Notting Hill et un lampadaire fabriqué par Josie.

Dans le salon, le banc en bois sculpté acheté à Kerala dans le sud-ouest de l'Inde a été recouvert de coussins confectionnés dans des tissus anciens du Rajasthan.

Les petits miroirs Tile & Stone Magic de la baignoire font scintiller la salle de bains de mille feux. Un joli tapis de Cath Kidston apporte une touche chaleureuse. Dans la chambre d'Arno, jeté de lit brodé et armoire peinte en bleu. Au salon, au-dessus du canapé en velours de chez Habitat avec ses coussins achetés lors de voyages au Maroc et en Inde, Josie a accroché artistiquement une série de tableaux.

Ceci n'est pas une pipe.

Dans la chambre, les portraits indiens exécutés au crayon sur une simple feuille s'harmonisent parfaitement avec la teinte passée du papier peint Neisha Crosland. Sur la commode en bois peint achetée à Kerala, surmontée d'un miroir, cadeau d'anniversaire pour les trente ans de Josie, des objets insolites, notamment une lampe ananas et un présentoir à gâteaux avec ses petites génoises en tricot.

SW3

INTERNATIONAL LIBRARY OF FAMOUS LITERATURE
WITH THEIR NESTS AND EGGS

TRACEY BOYD
CHELSEA

Une créatrice de mode et une ancienne pop star ont combiné leurs talents pour donner à ce « mews » de Chelsea une allure à la fois moderne et nostalgique.

Les collections de Tracey Boyd sont connues pour leur féminité sobre et appréciées des femmes qui ont su trouver leur propre style comme le mannequin Lily Cole ou les actrices Keira Knightley et Kristen Dunst. Tracey a fondé sa marque de vêtements en 1996. Elle a toujours travaillé en étroite collaboration avec son compagnon Adrian Wright, qui l'assiste dans tous les domaines (Adrian a fait partie d'un groupe légendaire des années 1980, The Human League. Sans véritable compétence musicale, il avait été nommé « Directeur des supports visuels » !)

Après avoir acheté leur « mews » de Chelsea en 2002, ils ont dû reconnaître que leur couple avait encore quelques défis à relever : Tracey adore le style ancien et romantique, Adrian préfère le contemporain épuré. Mais Adrian voulait aussi une maison qui ait une âme et où rien n'ait l'air trop neuf ou trop parfait. Le sol peint en blanc, par exemple, est fait de planches de bois tendre grossièrement sablées puis clouées. L'opération lui a donné un aspect raboté, mais c'est exactement l'effet qu'il recherchait. Adrian refuse de souscrire à l'idée répandue selon laquelle le design se paye très cher. Les poignées des portes de la cuisine et les patères en aluminium du couloir ont été chinées pour un euro la pièce sur un marché aux puces parisien. « Adrian m'a fait découvrir les années 1930, 1950 et 1960 et je lui ai fait partager mon goût des choses plus anciennes et plus décoratives », résume Tracey.

Pour diviser la pièce à vivre du rez-de-chaussée en deux espaces, Tracey et Adrian ont imaginé une petite estrade sur laquelle ils ont installé la table à manger, les chaises et un secrétaire. La table et les chaises en bois de rose sont des modèles danois des années 1950. Adrian a sauvé les chaises d'une benne et déniché la table dans un vide-grenier. Au-dessus de la table, le lustre ancien trouvé chez Rainbow à Fulham attire le regard, tandis qu'un secrétaire richement orné ayant appartenu à la grand-mère de Tracey s'inscrit en contrepoint des meubles modernistes d'Adrian. Un canapé vert amande Designers Guild, un tapis pailleté du Maroc et une table basse revisitée par Adrian occupent la partie salon. Adrian a scié les pieds d'une ancienne table à jouer en bois et remplacé le plateau en cuir par du verre biseauté pour en faire une table originale qui conserve les tiroirs escamotables et les emplacements à bouteilles d'origine. La lumière arrive par une rangée de vélux, tandis que des rayonnages de livres côté rue préservent l'intimité de la pièce. Adrian et Tracey ont divisé l'espace ouvert en dressant un mur de verre entre la pièce à vivre et la cuisine, peinte en vert pour marquer sa séparation d'avec le salon. Prenant le parti d'éliminer les tiroirs, ils ont dissimulé poêles et casseroles derrière des rideaux aux imprimés rétro et rangé les ustensiles dans des brocs posés sur le comptoir.

Un escalier peint en blanc mène au premier étage qui dessert les chambres à coucher, la salle de bains et un dressing. La chambre, avec son lit mis en scène par un lustre ancien, dégage une atmosphère romantique. L'armoire et la commode, malgré leur allure de meubles d'époque, sont en réalité des trouvailles revisitées par Adrian. Pour préserver le lit ancien décoré de roses sculptées à la main, Adrian l'a doublé d'un cadre Ikea équipé d'un confortable matelas en latex. Les miroirs en forme de cœur et les fleurs en porcelaine sont des ajouts de Tracey destinés à accentuer la tonalité féminine de la pièce. Adrian a fait une élégante boîte à bijoux d'une armoire d'enfant peinte en blanc et habillée de tissu. Une porte victorienne coupée en deux et munie de poignées en porcelaine sépare la chambre de la salle de bains. Ses panneaux opaques ont été remplacés par du verre. La salle de bains cosy, avec sa lucarne et ses murs mansardés en lambris, a des airs de chambre de bonne. Adrian a déniché un porte-savon en porcelaine années 1930 qu'il a présenté sur un plateau de bain fixé aux parois de la baignoire. Pour gagner de l'espace de rangement, Adrian a fabriqué des placards sous le toit en surplomb. Tracey et lui ont restauré une méridienne à tiroirs trouvée dans une brocante, en la rehaussant de coussins confectionnés dans un jacquard floral.

Tracey et Adrian ont beaucoup voyagé ces vingt dernières années à la recherche d'objets éclectiques. « Le plus excitant, c'est la découverte en elle-même. Même un objet laid peut paraître beau s'il est bien arrangé. » Malgré leurs divergences, Tracey et Adrian ont fini par trouver une foule d'objets qui leur plaisent autant à l'un qu'à l'autre.

Une collection de livres anciens, qui appartenait à la grand-mère de Tracey, côtoie un vase scandinave des années 1950.

La table en bois de rose a été achetée moins de 20 € dans un vide-grenier et les chaises récupérées dans une benne. Au salon, un sofa en tissu vert Designers Guild au design moderniste côtoie un fauteuil Habitat de style 1950 et un repose-pieds G-Plan de 1970 chiné aux puces à New York. Pour donner une unité à l'ensemble, les deux sièges ont été recouverts d'un tissu Polka Peony créé par Tracey.

SW3

Peinte dans un ton vert amande, la cuisine est séparée de la pièce à vivre par une cloison en verre. Les portes de placards et les charnières proviennent de magasins spécialisés parisiens et la vaisselle a été achetée dans un marché aux puces à Paris. Ambiance cosy dans la salle de bains sous le toit : chaise trouvée à Newcastle dans un magasin de récupération et tissu fleuri acheté en France pour les coussins.

La coiffeuse, dénichée dans un magasin d'antiquités sur Lillie Road à Fulham, a été recouverte d'un plateau en verre. Le miroir ovale typique des années 1950, trouvé au Alfies Antique Market, est cerclé de fleurs en plexiglas qui s'allument. Les montants du lit français, acheté chez Judy Greenwood il y a près de vingt-cinq ans, sont peints en gris et blanc, et chaque rose sculptée est différente.

SW6

ANNABEL DEARLOVE
PARSON'S GREEN

Influences japonaises et matériaux ultracontemporains donnent le ton dans cette maison d'architecte située au cœur de Parson's Green.

Quelques mois après avoir acheté leur maison de l'est de King's Road en 1999, Annabel et Mark Dearlove ont pris contact avec l'architecte Nick Helm pour envisager les modifications à lui apporter afin de loger les derniers nés de la famille. Annabel et Mark voulaient aménager l'intégralité du rez-de-chaussée en un grand salon pour rassembler toute la famille et les amis. Pour avoir visité une foule de ces maisons de ville étroites typiquement londoniennes, ils savaient qu'ils ne voulaient pas d'une maison organisée en hauteur. Quand une opportunité d'extension sur le jardin s'est présentée, ils ont immédiatement saisi leur chance.

Nick Helm s'est associé pour ce projet avec Maria Speake, une architecte d'intérieur à la tête de Retrouvius, une entreprise de récupération de matériaux de construction anciens *(voir la maison de Maria Speake p. 168)*. La clef de voûte de leur ambitieux programme consistait à relier le bâtiment principal géorgien à d'anciennes écuries situées à l'arrière de la maison. L'objectif était d'aménager un passage dans le jardin pour organiser les deux entités autour d'une petite cour. Il a fallu attendre trois longues années pour obtenir le permis de construire, puis encore deux ans avant la fin des travaux. « Plutôt que de créer une véranda, souvent trop chaude le jour et glaciale la nuit, nous avons cherché à ouvrir un puits de lumière dans l'épaisseur du bâtiment », explique Maria.

Le couloir qui relie la maison géorgienne à sa nouvelle extension débouche sur une petite porte doublée d'une insolite contre-porte tendue de feutre lilas qui évoque les portes capitonnées de molleton vert qui séparaient autrefois le quartier des domestiques du bâtiment principal. Ici, la porte marque le raccord entre la construction géorgienne et son prolongement contemporain. L'extension permet à toute la famille de se rassembler sur le canapé d'angle B&B Italia ou autour de la table de la cuisine qui donne sur une cour arborée. Des portes vitrées entièrement coulissantes transforment l'espace en terrasse les mois d'été.

Six ans passés au Japon dans les années 1990 ont donné envie aux Dearlove d'insuffler à leur maison une ambiance orientale. Maria a demandé à Timorous Beasties de dessiner un motif japonais qu'elle a décliné sur les stores et les coussins de la maison (le motif rose cendré, un branchage imprimé sur une toile de lin naturel, a connu un tel succès qu'il figure désormais au catalogue de sa collection). Sur le même thème, la cour est plantée d'un cerisier et d'herbes japonaises dont les tons varient du rose au vert au fil des saisons, avec des baies rouges en été. L'écorce cuivrée du cerisier s'associe délicatement avec la métallerie réalisée en cuivre et en bronze pour la cour.

Maria a pris le parti de ne travailler qu'avec du bois de récupération et du béton coulé sur place, traité de façon à varier les textures et les finitions. « J'ai utilisé du chêne de récupération sous plusieurs formes : de larges découpes pour le sol de la salle à manger, de gros blocs pour la table. Le béton a servi à la fois pour le gros œuvre et pour façonner des carreaux et des plans de travail lissés. » Maria a utilisé un granulat sableux pour obtenir une texture rugueuse qui contraste avec les surfaces lisses. Les couleurs chaudes et les matériaux mis en œuvre ont été inspirés à Maria par une visite de l'exposition Vermeer à la National Gallery à Londres en 2001 : « J'ai été fascinée par les carrelages, et j'ai retenu l'idée d'en mettre partout dans la maison », dit-elle. Elle a commandé en Belgique chez Agnès Emery une palette de carreaux satinés dans des teintes sourdes et des peintures coordonnées.

Le bureau d'Annabel est installé dans une galerie ouverte sur la cuisine et sur la cour arborée pour lui permettre de se retirer tout en restant en contact avec les activités de la maison. La galerie mène à la chambre, avec son lit plateforme et ses herbes arrangées à la japonaise dans des vases anciens en céramique. Des sérigraphies éclairées par l'arrière sont autant d'œuvres d'art originales près des étagères et du bureau découpés dans du teck provenant du Queen Charlotte's Hospital de Goldhawk Road.

De la collaboration entre Nick Helm, Maria Speake et les Dearlove est né un environnement chaleureux fait de chêne et de teck recyclés. Dans cet intérieur inédit, l'association du mobilier contemporain B&B Italia avec des modèles Hans Wegner des années 1960, esquisse un classicisme du XXIe siècle.

Des vases anciens danois en verre coloré hébergent des graminées japonaises.

La table de cuisine, entourée de chaises Hans Wegner, et celle de la salle à manger avec ses chaises Fellini gainées de cuir, ont toutes deux été fabriquées avec du chêne récupéré. Sur le mur de la salle à manger, un tissu d'inspiration japonaise créé sur mesure par Timorous Beasties. Dans toute la maison, meubles et étagères sont en béton lisse tandis que les murs ont un aspect granuleux.

Dans la cour, un cerisier japonais témoigne lui aussi de l'influence asiatique visible dans la maison. Au salon, harmonie en blanc et rose avec des coussins **T**imorous **B**easties et des canapés **B&B I**talia.

SW7

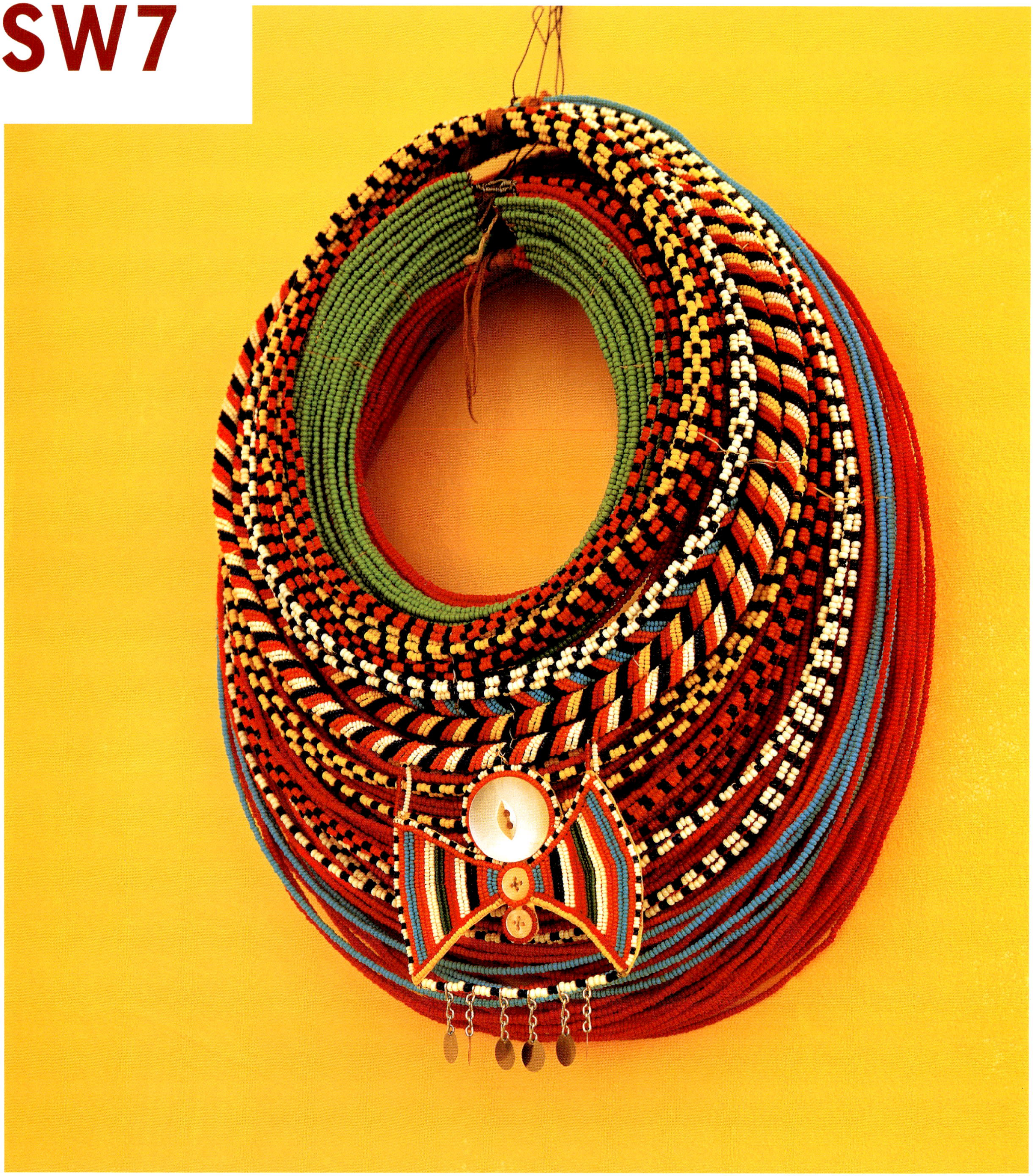

ANNABEL LEWIS SOUTH KENSINGTON

Les murs, les abat-jour, les lustres et le mobilier de ce somptueux appartement au premier étage d'un immeuble de South Kensington adoptent le style cossu et enrubanné V.V. Rouleaux.

Il a suffi d'un an à Annabel Lewis pour métamorphoser un appartement quelconque, situé au premier étage d'un immeuble de South Kensington, en un écrin qui porte la marque de fabrique de son célèbre magasin de rubans et de passementeries V. V. Rouleaux. Et elle envisage déjà de déménager un étage plus haut pour bénéficier d'une meilleure vue et d'une meilleure exposition.

Annabel a peint elle-même toutes les pièces de son appartement, du bambou en trompe-l'œil de la cuisine au couloir jaune impérial en passant par les décorations des murs du salon. Ici, les abat-jour sont garnis de rubans V. V. Rouleaux et les lustres en laiton enjolivés de cordons dorés à glands. « Ce que je ne trouve pas, je le fais moi-même ! » pourrait être le manifeste de décoration d'Annabel. Les modes se succèdent, dit-elle, et la tendance actuelle est à l'ornement : « Les créations contemporaines sont saturées de fantaisies et d'imprimés à fleurs. » Les couturiers Julien MacDonald, Paul Smith, Matthew Williamson *(voir p. 22 pour la maison de Matthew)* et Alice Temperley passent des heures dans son atelier à chercher l'inspiration au milieu des étoffes et des rubans à l'ancienne.

La méthode d'Annabel consiste à partir d'une base neutre, un plancher en bois ou des murs blancs, pour laisser au mobilier et à l'éclairage le soin de définir les couleurs et les textures. « Cette façon de faire demande beaucoup de travail, déclare-t-elle avec délectation. C'est tout sauf une démarche minimaliste ! » Le jaune impérial, sa couleur favorite, est décliné un peu partout dans la maison, à commencer par le couloir. Les murs qui étaient « éteints et fades » en crème, « brillent maintenant comme le soleil ». Dans la pièce à vivre qui court sur toute une largeur de l'appartement, Annabel a délimité un coin repas derrière une portière de pampilles de verre qui font miroiter la lumière. Elle a décoré le plateau de la table à manger d'un ruban bordé de métal dont elle a fait comme des pétales de rose qu'elle a pressés sous une plaque de verre circulaire à la façon d'un herbier. Le joyau de la pièce est un chapeau chinois en étain embouti porté à l'occasion d'une fête organisée pour célébrer l'année du Porc en 2007. Avec son amie Kate Sissons, elle a égayé le mur de la cheminée de motifs peints à la main sur le papier uni et a orné un cadre de miroir ovale de clous décoratifs en verre, de feuilles d'or dénichées chez un bijoutier français, et d'une garniture datant de 1790.

Dans le salon, chaises et canapés sont recouverts de velours pour chapeaux des années 1920 choisi par Annabel pour ses couleurs chatoyantes et son aspect moiré. Pour obtenir la nuance exacte, elle a l'habitude de commander à un fabricant du Kent du velours chiné imprimé à la main et de se fournir en étoffes de soie auprès d'un tissage de Suffolk. Dans la chambre trône un lit d'apparat à dais en dôme qui rappelle à Annabel son enfance, quand elle rêvait d'une chambre romantique avec un lit à baldaquin. Son mari Richard déteste se prendre dans toutes ces bandelettes, mais Annabel a carte blanche pour ses fantaisies décoratives. « J'ai simplement utilisé des rubans de soie pour le dais, et du taffetas moiré pour le dessus-de-lit : une composition exquise de rayures citron, tilleul et rouille sur fond chocolat et champagne. » Elle a même fabriqué des lampes de chevet à abat-jour coordonnés, opération qui ne lui a pas pris, se plaît elle à signaler, plus d'une demi-heure.

Richard partage sa passion pour la décoration et dirige conjointement avec elle V. V. Rouleaux. Aucun ne s'inquiète vraiment des éraflures laissées sur le velours des canapés du salon par les boutons de jean de leurs enfants adolescents. Annabel prétend aimer l'effet vieilli, convaincue que les meubles sont faits pour être améliorés et sans cesse transformés. Plutôt que de s'attacher à un modèle particulier, elle renouvelle constamment ses décors. Quand elle déménage, elle n'emporte avec elle que le buffet de la cuisine et la table à manger. « Rien d'autre n'est irremplaçable », déclare-t-elle.

Dans l'entrée jaune impérial, Annabel a suspendu un objet traditionnel du Kenya tout en perles multicolores, cadeau de son amie Sama.

SW7

Un étonnant rideau tout en pampilles de verre ancien sépare la partie salle à manger du salon. Dans celui-ci, Annabel et son amie Kim ont peint de délicats motifs sur un simple papier peint et enjolivé le cadre d'un miroir de feuilles dorées achetées dans une bijouterie française, de clous en verre et d'un galon ancien. Le lustre a été emmailloté d'une cordelette dorée et de glands décoratifs.

La chaise a été recouverte d'un velours datant des années 1920 et agrémentée de passementeries anciennes. Le voilage du ciel de lit et le couvre-lit ont été confectionnés par Annabel en utilisant des bandes de soie, de rubans et de taffetas, également des années 1920. Les lampes sont ornées de rubans et de perles de verre en vente chez V.V. Rouleaux, la boutique d'Annabel.

Tous les revêtements des sièges sont des créations originales : du velours imprimé du canapé au tissu pourpre vibrant des fauteuils. Le miroir au-dessus de la cheminée provient de la boutique Judy Greenwood. Collectionneuse d'objets et de passementeries qu'elle chine sur les marchés et les salons de décoration à Paris ou New York, Annabel les utilise avec talent dans sa maison londonienne.

SW9

TOBIT ROCHE + NANCY OAKLEY
BRIXTON

Étoffes indiennes, imprimés africains et objets de famille procurent à cette maison de ville victorienne du grand sud de Londres un charme désuet imprégné de références au groupe de Bloomsbury.

Tobit Roche et Nancy Oakley ont emménagé dans leur maison de Brixton en 1993. Cette nouvelle demeure était le comble du luxe en comparaison de la petite maison blanche sans chauffage central ni télévision dans laquelle Nancy avait rejoint Tobit douze ans plus tôt. Tobit travaille maintenant chez eux dans son atelier d'artiste et Nancy, responsable de la communication d'une agence de mode, s'empresse de rentrer après le travail pour laisser libre cours à son esprit créatif. Ils organisent régulièrement des dîners où il n'est pas rare de boire dans des anciennes coupes de collection ou de repartir avec une salière fabriquée soi-même pendant la soirée.

« Dès que je pousse la porte, je me sens à la campagne. Je laisse derrière moi la rumeur du monde pour passer au jardin », dit Nancy. La maison aux couleurs tendres cultive une douce sobriété : pas de contours nets ni de murs blancs mais une volée d'escalier tapissée de kilims et des murs vert sauge pale. En vingt-cinq ans de vie commune, Tobit et Nancy ont réuni une collection exceptionnelle d'antiquités et d'objets d'art rapportés de leurs nombreux voyages. Le père de Tobit, le poète Paul Roche, était un proche du peintre Duncan Grant (Tobit a vécu deux ans à Charleston Farmhouse, la maison de campagne de Grant et de Vanessa Bell dans le Sussex), et sa maison a gardé un peu de l'esprit artistique et bohème du groupe de Bloomsbury, ces artistes et écrivains du début du XXe siècle.

Tobit et Nancy ont choisi pour leur chambre un style Arts and Crafts entretenu par un lit marqueté en chêne, un grand miroir ancien et un fauteuil victorien en velours. Les murs arborent des peintures de chaînes de montagne signées de Tobit, parmi lesquelles des représentations imaginaires inspirées des sommets de l'Himalaya. On y trouve aussi un tableau de Duncan Grant représentant l'étang de Charleston. L'escalier dessert à l'étage supérieur une petite mansarde meublée d'un lit bateau en bois. Un plaid en velours signé Georgina von Etzdorf revisite le vert et le rouge sombres victoriens à côté de coussins confectionnés dans un tissu ancien déniché chez Joss Graham. Au mur est accroché un tableau de Mary Liddle très inspiré d'Odilon Redon et que la famille a surnommé « les doigts de banane ». Faute de pouvoir monter une armoire à l'étage, ils ont fait réaliser sur place un placard fermé par des portes peintes en bleu pâle. C'est là que Nancy entrepose ses trésors, comme le sac jaune Yves Saint Laurent à franges suspendu au bouton de porte.

Même les murs de la salle de bains montrent une représentation de la déesse hindoue Kâlî dénichée chez un antiquaire de Delhi et un rivage se reflétant en miroir dans un lac peint par Grant. Les paysages du Rajasthan figurés par Tobit et la collection de tissus de Nancy imprègnent la maison du souvenir de leurs voyages en Inde. La vitre d'une armoire de toilette en bois laisse apercevoir une carte d'Inde en tissu brodé, achetée par Nancy sur un étal d'artisan à Delhi en 1986. Rien n'avait changé sur l'étal vingt ans après sauf les noms de lieux – Bombay était devenue Mumbaï.

Chacun a exposé dans le salon ses objets les plus chers : leur fille son piano, Tobit ses toiles et Nancy ses tissus anciens. Elle a confectionné des coussins dans un manteau en ottoman, et drapé aux fenêtres un kilim irakien double de lin damassé. Le manteau de la cheminée est encadré par un fauteuil recouvert d'un coton à rayures marocain tissé à la main et par une chaise habillée d'un plaid noir indien broché d'or. Un cabinet vitré renferme les trésors de la famille : des coupes anciennes Aldermaston, des photographies de Paul Roche et des portraits des enfants Duncan et India.

La cuisine est habitée du même esprit nostalgique avec ses meubles en bois et son évier d'office, bien que la plupart des éléments de rangement soient des meubles Ikea recouverts de plusieurs couches de peinture. La famille se réunit pour les repas autour d'une table en bois du XVIIIe siècle qui se détache sur le plancher peint en gris. Les murs s'animent d'une gravure de Chris Ofili, du portrait d'une femme africaine, souvenir d'une exposition à la Hayward Gallery, et d'insolites dessins d'amis parmi lesquels le *Nancy et la Dame dans l'arbre* de Sophie Herxheimer.

Un cénacle d'écrivains, de photographes, d'artistes et d'antiquaires a fait ces vingt dernières années son repaire de ce quartier atypique du sud de Londres. Pour Tobit, Nancy et cette communauté d'artistes, il n'y a qu'un pas de Bloomsbury à Brixton.

Gros plan sur un plaid en velours Georgina von Etzdorf et un coussin confectionné à partir d'un tissu ancien Joss Graham.

Installés il y a longtemps, les éléments de cuisine en bois Ikea ont été repeints plusieurs fois. L'évier et la table ronde du XVIIIe siècle évoquent l'atmosphère d'antan. Beaucoup d'objets décoratifs sont disséminés dans la maison, dont une petite vache en céramique héritée du père de Toby, réalisée par un membre du groupe de Bloomsbury, ces artistes et écrivains londoniens du début du XXe siècle.

SW9

HOPI PAINTING
THE IMPRESSIONISTS
Bonnard
RAJASTHAN

MARNI

Dans la chambre d'amis, courtepointe et coussins en velours pour le lit bateau et sac à main Yves Saint Laurent accroché à la penderie. Au-dessus de la cheminée trône un paysage de Duncan Grant.

À l'étage, tableaux, étagères de livres et kilim à rayures ornent le palier. Le petit jardin, à l'aspect voulu de jungle miniature, est un havre de paix à quelques pas de la vie agitée du quartier de Brixton.

178a
BRICK LANE

E1, E9, EC1, EC2
WHITECHAPEL
HACKNEY
CLERKENWELL
SHOREDITCH

HACKNEY ROAD
WORKS
1911
EXTENSION

BRICK LANE

Avec leurs anciens entrepôts et leurs élégantes « terrace houses » géorgiennes, Whitechapel et Shoreditch sont parmi les quartiers les plus cossus de Londres, à deux pas de la City. Whitechapel était pourtant, il y a encore vingt ans, un des faubourgs les plus déshérités d'Europe. Il a été pendant des siècles le refuge d'immigrants de tous horizons : Whitechapel comptait deux cent mille juifs venus d'Europe de l'Est en 1914 avant l'arrivée d'une nouvelle vague d'immigrants originaires du Bangladesh et du Pakistan dans les années 1950.

Une communauté florissante de tisserands huguenots français a exercé son métier dans les « terrace houses » géorgiennes des environs de Spitalfields Market et de Christ Church. Laissées à l'abandon après les bombardements de la Deuxième Guerre mondiale, la plupart de ces constructions étaient tombées en ruine dans les années 1970. Elles ont été minutieusement restaurées durant les décennies suivantes par des artistes comme Gilbert & George qui habitent encore Fournier Street et fréquentent les Langlands & Bell (p. 138) ainsi que le restaurant Les Trois Garçons (p. 130) de Club Row, une rue perpendiculaire à Bethnal Green Road. Ces maisons historiques réhabilitées comptent aujourd'hui parmi les propriétés les plus prisées de Londres. Les artistes qui ont lancé le mouvement de restauration en investissant ces quartiers de l'East End continuent d'y vivre et d'y travailler, et le secteur peut désormais se prévaloir d'une concentration de créateurs inégalée en Europe, parmi lesquels Tracey Emin et Chris Ofili. La communauté juive de l'East End a pour sa part produit deux des auteurs dramatiques les plus reconnus du XXe siècle, Arnold Wesker, né à Stepney, et Harold Pinter, né à Hackney, où réside aujourd'hui la créatrice de mobilier Lisa Whatmough (p. 144).

E1

LES TROIS GARÇONS WHITECHAPEL

Trois garçons inspirés ont converti cet ancien pub victorien en un lieu de vie, une salle d'exposition et un restaurant devenu le point de ralliement de la communauté artistique de Whitechapel.

« L'atmosphère de Whitechapel n'a pas d'équivalent à Londres », estime Hassan Abdullah. « Il n'y a rien à y voir de particulier, mais c'est là que les choses se passent. » Hassan a découvert ce vieux pub en ruine proche de Brick Lane, à l'angle de Club Row et de Bethnal Green Road, et l'a acheté en 1996 avec Michel Lasserre et Stefan Karlson. Le bâtiment classé était resté en l'état avant que les trois amis n'emménagent pour y vivre et y travailler. Depuis, ils ont noué des liens avec les habitants du quartier et sont tombés amoureux de son atmosphère bon enfant.

L'ancien pub a été structuré en trois volumes : une salle à manger au rez-de-chaussée, un espace à vivre au premier étage, et les chambres et les salles de bains à l'étage supérieur. « Comme nous n'utilisions presque jamais la salle à manger, raconte Hassan, nous avons eu l'idée d'ouvrir un restaurant. » Architecte d'intérieur de métier, Hassan a entrepris d'imprimer à l'espace son style baroque caractéristique, et d'enrichir le charme brut de l'East End d'un peu de son esthétique exubérante. Il a suspendu au plafond de la salle à manger des lustres anciens, mais aussi des sacs à main vintage. Dans la pièce mal éclairée, les dîneurs peuvent croiser une girafe drapée de colliers, un tigre ou un cygne empaillés, ou encore une de ces huiles extravagantes accrochées aux lambris sombres. Les artistes, les designers et les architectes du quartier sont devenus des habitués : Gilbert & George y dînent deux fois par mois et Tracey Emin et Damien Hirst y tiennent cour régulièrement.

Hassan a choisi de faire des murs un écrin neutre au service de son extraordinaire collection de meubles et d'antiquités qu'approvisionnent des antiquaires français, suédois et italiens informés de ses goûts, qui lui mettent de côté les pièces susceptibles de lui plaire. Le salon, à lui seul, met en œuvre cinq nuances de blanc différentes selon qu'elles sont destinées à mettre en valeur les plafonds, les corniches ou les lambris. Les couleurs sont introduites par plusieurs compositions dont un assortiment de robes de collection dans le couloir de la chambre. Une chaise Régence anglaise, un mannequin de modiste et une paire de chaussures Christian Louboutin improvisent une nature morte dans le vestibule.

Hassan a attribué à chacune des pièces une ambiance différente, de la chambre gris perle à la salle de bains habillée de granit, en apportant un soin tout particulier à l'équilibre des couleurs et des matières. Le lit de la chambre à coucher grise est orné d'un monogramme de Marie-Antoinette et d'un miroir anglais doré du XIXe siècle qui apporte une note colorée. Pour la chambre qu'il partage avec Michel, il a choisi une peinture bleu nuit qui fait contrepoint au parquet en chêne naturel. « Le soir nous tamisons la lumière et l'ambiance devient très apaisante », assure-t-il. À la recherche du juste équilibre entre l'or et le bleu, il a imaginé un thème solaire savamment mis en scène par une tête de lit « rayon de soleil » improvisée, à laquelle répond un tapis signé Verner Panton.

« Je préfère le mobilier très ancien, mais j'aime aussi les très belles choses modernes », dit Hassan. Il aime surtout attirer l'œil par le contraste entre une antiquité du XVIIIe siècle et quelque pièce moderne choisie entre les années 1940 et 1970. Le salon occupe tout le premier étage sans rupture de perspective. On y trouve un savant désordre de sculptures, de chaises anciennes, de canapés et de lustres. Dans cette composition éclectique, les éléments contemporains dialoguent avec des antiquités choisies avec soin « pour leur esthétique élégante et romantique ». Les immenses lustres à pendeloques miroitantes qui éclairent la pièce ont été sélectionnés à cause de leur allure insolite et exubérante, de même que le galion en cristal posé sur une table miroir des années 1940 enjolivée de perles et de bronze doré par les soins de House of Baguettes. Des bustes en marbre et des bronzes de Mathurin Moreau investissent le salon tandis que l'on aperçoit dans l'annexe aux couleurs flamboyantes une suspension des années 1950 dessinée à l'origine pour une banque suisse.

En 1996, les « trois garçons » avaient du mal à convaincre leurs amis de Chelsea et de Notting Hill de s'aventurer jusqu'à Whitechapel. Avec son nouvel environnement urbain et sa réputation de quartier branché, l'endroit est aujourd'hui devenu l'objet de toutes les convoitises. L'extension de l'East London Line et l'aménagement d'espaces verts dans les années à venir devraient contribuer encore à la valorisation de ce quartier vivant et multiethnique.

Lampadaire des années 1960 aux ampoules de couleurs brillamment contrastées.

E1

Dans le petit salon aux couleurs vibrantes, l'étonnant lustre des années 1950 est l'un des seize exemplaires fabriqués pour une banque suisse ; la table basse ronde est une création des années 1970.

Le dressing a des airs de boutique de confection pour gentlemen et le sol de la luxueuse salle de bains recouvert de dalles de granit met en valeur l'ensemble sanitaire de couleur blanche signé **A**lessi.

Les murs ont été peints dans une teinte neutre en utilisant cinq tons différents de peinture Farrow & Ball et le parquet a été récupéré dans une mairie en Suède. Dans cette pièce, le moderne et l'ancien cohabitent en bonne harmonie : une chaise Nick Gough côtoie un buste ancien venu de France ; une cage à oiseau avec son perroquet fait face à une chaise « Bulle » de Christian Daninos de 1971.

Dans la chambre à coucher de Michel et Hassan, le parquet en chêne clair éclaire le bleu nuit des murs. Impressionnants, les rayons de soleil à la tête du lit ont été fabriqués au XVIIe siècle pour une église italienne. Le tapis de Verner Panton reprend le thème solaire et le dessus-de-lit fait main, acheté par Michel dans un souk à Damas, reste dans la même tonalité bleu et or.

E1

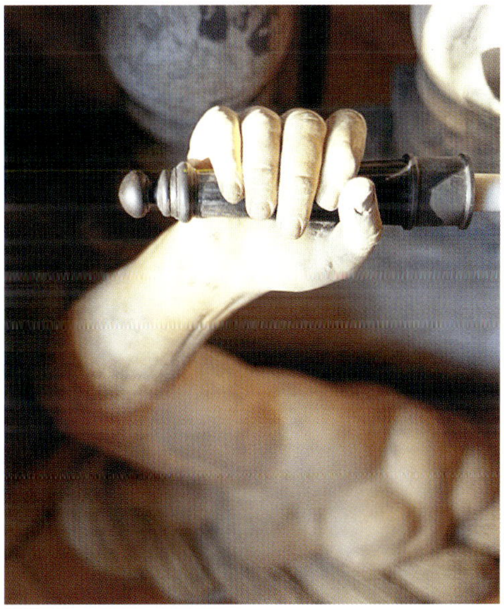

E1

LANGLANDS + BELL
WHITECHAPEL

Cette maison géorgienne de l'East End, un ancien atelier de tailleur endommagé par les bombardements, a subi une singulière métamorphose sous la houlette d'un couple d'artistes.

Ben Langlands et Nikki Bell ont présenté leur première exposition en tant que Langlands & Bell pour leur examen de fin d'études aux Beaux-Arts dans les années 1970. Le duo a exposé dans le monde entier dès le début des années 1980 pour s'inviter en 2004 dans la sélection du prix Turner. Parmi ses travaux composites figurent des installations inspirées de plans de vols internationaux, des plans d'architecture monochromatiques ou encore *The House of Osama Bin Laden*, une animation numérique interactive. L'évolution architecturale de Whitechapel n'a pas cessé d'alimenter son travail depuis trente ans.

Refuge historique d'immigrants de toutes cultures, Whitechapel a toujours été source de fascination pour Ben et Nikki. Quand ils s'y sont installés, ce faubourg parmi les plus pauvres de Londres offrait encore l'opportunité de se loger dans le centre de la ville pour un investissement minime. Ben et Nikki ont vu les visages changer au fil des ans, à mesure que les mosquées et les restaurants bengalis et pakistanais remplaçaient les cantines kasher et les synagogues. Le samedi était à l'époque le jour de fermeture traditionnel avant l'ouverture des marchés de Brick Lane et de Spitalfields le dimanche. « Toutes les activités s'interrompaient le samedi avec le shabbat pour reprendre le dimanche », se souvient Ben.

Le quartier a ressuscité dans les années 1970 et 1980 sous l'impulsion d'artistes comme Gilbert & George ou de personnalités comme le célèbre historien et présentateur de télévision Dan Cruikshank, attirés par ses maisons géorgiennes et du début de l'époque victorienne. « Les gens qui ont fait partie de cette vague pionnière, se souvient Nikki, ont découvert chez eux de superbes lambris et se sont définitivement attachés au quartier. » Le vieux Market Café tenu par Phyllis Till et sa sœur Clyde devint le point de ralliement où chacun rendait compte de ses entreprises de rénovation et où se nouèrent des amitiés indéfectibles. Ben et Nikki eurent même la chance de rencontrer l'ancien propriétaire de leur maison, David Gould, qui l'avait abandonnée après sa destruction partielle par une bombe en 1942.

Des étais métalliques avaient depuis lors empêché la maison de tomber en ruine, mais Ben et Nikki ont eu le soin de la remettre en état. Ils ont fait appel à des entrepreneurs pour combler une lézarde dans le mur de façade et refaire la toiture, mais pris le parti de réaliser eux-mêmes le reste des travaux de structure. Il a fallu un an de labeur acharné pour installer la plomberie et l'électricité et restaurer les menuiseries, décaper les lambris incrustés de vieilles couches de peinture et reconstituer les parquets. David Gould, à qui la maison avait servi d'atelier, était le dernier maillon d'une longue lignée d'artisans de la confection. Son atelier de tailleur était installé au grenier, éclairé par une fenêtre pratiquée dans le toit. C'est dans cette mansarde que Ben et Nikki ont aménagé leur chambre et leur salle de bains. Ils ont conservé un tabouret de tailleur en bois pour rappeler la fonction originelle du lieu.

Leur vision de l'aménagement intérieur est très influencée par leurs nombreux voyages au Japon. « Nous sommes très admiratifs de certains aspects de la culture japonaise – son esthétique épurée, sa conception du rapport entre l'intérieur et l'extérieur », explique Nikki. Ben tient à ne posséder que le strict minimum de biens : « Nous n'avons pas beaucoup de meubles, et ceux que nous avons sont très simples ». La banquette et les boîtes de rangement laquées du salon ont été conçues dans le style japonais, la table ronde et les chaises choisies pour leur simplicité géorgienne. Pour la salle à manger, ils ont recyclé des chaises en bois et un piètement de table en métal abandonnés sur le trottoir devant un Hackney Café. Sculptures et objets trouvés sont entreposés dans « l'atelier de nettoyage » du deuxième étage, le laboratoire de Ben et Nikki depuis leurs premières œuvres en relation avec l'histoire du quartier. Ils ont imaginé des tables et des chaises blanches à vitrines contenant des objets éphémères de la vie quotidienne pour « montrer que la vie des gens ordinaires mérite la plus grande attention ».

Les exemplaires du Coran abandonnés, les vieilles brosses à dents et même les animaux desséchés trouvés dans les maisons en ruine de l'East End ont fourni la matière des premières expériences artistiques de Ben et Nikki. Désormais, ce sont les cordons de velours des restaurants indiens les plus chics de Londres et les gratte-ciels de la City qu'ils trouvent en bas de chez eux. L'ancien faubourg déshérité est en plein essor.

Cette chaise-vitrine qui contient une collection de brosses à dents usagées est une œuvre du couple, témoignage de la vie à Whitechapel et du va-et-vient de ses habitants.

E1

Le sous-sol, autrefois atelier de sculpture, a gardé son sol en béton. Récupérées dans un piteux état devant un café du quartier, les chaises de salle à manger, après avoir été nettoyées, vernies et leurs assises recouvertes, ont retrouvé un nouveau style. La salle de bains avec son contreplaqué cintré aux murs et son puits de lumière a été conçue par Ashley Hicks, alors simple étudiant en architecture.

Au rez-de-chaussée, table XVIIIᵉ, chaises et âtre en fonte. Les suspensions 1930 et 1940 ont été récupérées dans une boutique de location de robes de Whitechapel Road, démolie depuis. Autre trouvaille : une table de consultation, mise au rebut par le London Hospital, dont on a coupé les pieds pour en faire une banquette. Dessous, une collection de chaussures en cuir noir attend sagement.

VOLUME
LANGLANDS & BELL

E9

LISA WHATMOUGH
HACKNEY

Cette maison du quartier de Hackney, dans l'est de Londres, emprunte aux créations textiles de sa propriétaire son style bigarré si caractéristique.

Lisa Whatmough excelle dans l'art de donner une nouvelle vie aux meubles anciens avec ses habillages composites de tissus anciens et contemporains. Son style inimitable est très recherché des grands noms du design comme l'enseigne Liberty, qui lui passe commande de collections chatoyantes. Lisa a exercé ses talents de sculpteur puis travaillé chez un antiquaire avant de se mettre à son compte. Squint, son magasin de tissus d'ameublement, a ouvert ses portes en 2005 dans Redchurch Street, près de Spitalfields Market. Son succès est tel qu'elle envisage d'emménager dans un atelier plus grand et d'ouvrir une nouvelle boutique l'année prochaine.

Pour habiter près de son lieu de travail, Lisa a changé son appartement avec toit-terrasse de Crouch End pour une maison avec jardin à Hackney. Deux visites seulement lui ont suffi à dénicher sa nouvelle maison, idéale malgré son environnement « particulièrement sinistre ». C'était au moment où elle terminait sa première collection pour Liberty en 2004, et toutes les pièces ont dû être mobilisées pour entreposer ses meubles et ses tissus. Mais avec Squint, elle a pu disposer d'une arrière-boutique où rassembler ses modèles, ses étoffes et ses carcasses de meubles. Et dans sa propre maison, elle a ménagé à ses créations un cadre neutre fait de murs gris clair et de planchers revêtus d'une peinture veloutée blanc cassé.

Les meubles que Lisa rassemble pour ses collections sont légèrement différents de ceux qu'elle choisit pour son intérieur. Malgré son goût prononcé pour les antiquités françaises, elle les trouve souvent trop ornées pour supporter un travail de décoration supplémentaire. Elle préfère travailler avec les formes franches et trapues du mobilier victorien anglais ou irlandais, mieux mises en valeur par ses broderies et ses tissus bigarrés. Pour sa chambre, elle a misé sur l'élégance et la simplicité : « La pièce n'est pas très grande, explique-t-elle, et appelait plutôt quelque chose de sobre ». Elle a trouvé un lit Empire noir et or et une délicate chaise Arts and Crafts en bois foncé. La chambre d'amis est meublée d'un lit en acajou, très orné celui-ci : « Il faut éviter les modèles trop grands, signale-t-elle, car ce genre de meuble en acajou peut devenir encombrant et a tendance à absorber la lumière. » Dans un monde idéal, elle aurait préféré avoir plus d'espace pour le mettre en valeur. Elle s'est permis pour cette pièce une atmosphère plus féminine, avec une tringle et des cintres habillés de tissu floral, et un édredon en piqué rose fuchsia bordé de brocart.

Lisa a voulu aménager un intérieur calme et serein qui compense la place que prend le travail dans sa vie, même si elle prend soin de préciser qu'elle n'y consacrerait pas autant de temps si ce n'était pas une passion. Elle adore être entourée de ses trouvailles favorites et la plupart des meubles qui l'entourent sont des créations dont elle n'a pas eu le cœur de se séparer. Le salon est une pièce confortable et intimiste, pourvue d'un lit de repos en patchwork de tissus colorés sur lequel elle aime se délasser. Même si ses amis préféreraient s'asseoir sur un canapé, ce lit de repos est son refuge favori pour lire, se détendre et regarder la télévision. Son idée de la décoration intérieure est tout sauf fonctionnelle. Elle choisit les objets pour leur caractère insolite ou parce que, pour une raison ou pour une autre, ils suscitent chez elle une émotion particulière. Le salon foisonne d'objets décalés, avec ses chandeliers enrubannés, son buste grandeur nature acheté aux enchères et son ancien miroir de barbier.

Lisa avait imaginé un thème entièrement blanc pour la pièce qui donne sur la rue, avec des murs et un plancher revêtus d'une peinture de sa fabrication et des fenêtres tendues d'un voile de dentelle. Elle est finalement revenue sur sa décision pour introduire de la couleur par le biais d'une lampe années 1960 décorée d'un tissu à volutes King's Road, d'un miroir « enveloppé » par ses soins et d'une chaise « revêtue de pièces de soie et d'étoffes ouatinées ». L'endroit fait office de salle à manger pour les repas entre amis, que l'on déguste assis sur des bancs en bois autour d'une table de chez Plinth, le magasin d'ameublement où Lisa a officié un temps et qui a fermé depuis. Elle a meublé la cuisine en contrebas de classeurs années 1960 et d'une chaise années 1920 habillée d'un tissu dans l'air du temps, années 1960 lui aussi.

Lisa partage actuellement sa maison avec un beagle nommé Stan mais espère investir un jour dans une maison de campagne pour fuir le tumulte de la vie urbaine. Elle a déjà commencé à rassembler du mobilier pour son nouveau refuge : « Il m'arrive de tomber sur des choses qui ne me servent à rien pour l'instant mais à côté desquelles je ne voudrais pas passer ».

La peinture classique d'une Vierge à l'Enfant a reçu un traitement très moderne grâce à un tissu... vintage posé sur le cadre !

À l'origine, Lisa prévoyait que chaque objet de la salle à manger serait de couleur blanche mais elle n'a pu résister à introduire certains éléments de couleur comme la table et les bancs Plinth et une lampe années 1960 achetée chez Ena Green, un ex-antiquaire de King's Road. La théière emmaillotée est une création de Lisa ainsi que la banquette où Stan, le beagle de la maison, prend ses aises.

E9

Dans la chambre d'amis, Lisa a joué sur les contrastes : un lit français datant des années 1870 côtoie une table de nuit blanche à tiroirs style années 1960 de chez Heal's. **A**u salon, une reproduction d'un portrait d'Elizabeth I accrochée sur un mur peint avec le coloris « Down Pipe » de Farrow & Ball. Le sol est peint en blanc cassé pour donner à toute la pièce un côté patiné par le temps.

E9

EC1

Mum & Dad
HEALTH LINE
SEX
MONEY
LUCK
DESTINY LINE
LIFE LINE
FAME
TRAVEL
SUCCESS
ROCK 'N' ROLL

DAISY DE VILLENEUVE
CLERKENWELL

Trouvailles chinées sur les marchés aux puces et trésors de famille confèrent à ce deux-pièces en rez-de-chaussée de Clerkenwell un charme éclectique.

L'illustratrice Daisy de Villeneuve a une filiation artistique bien étayée. Fille de Justin de Villeneuve, photographe de mode icône des années 1960, et du mannequin Jan de Villeneuve, elle a aussi une sœur photographe, Poppy. Pour avoir étudié entre Paris et New York à la Parsons School of Design, abandonnant le stylisme de mode pour étudier les beaux-arts quand elle s'est découvert une passion pour le dessin, Daisy n'en est pas moins restée une fille typiquement londonienne, décontractée le jour en jean baggy et en vieilles Converse, séductrice le soir dans une robe Missoni pour le dernier vernissage en vue. *Vogue* fait régulièrement appel à son coup de crayon, TopShop lui a également passé commande d'une ligne d'articles pour la maison en 2004, et elle a récemment appliqué ses talents à la réalisation d'une série de magnums de champagne Moët & Chandon pour Colette, le magasin de luxe parisien. Daisy et son atelier ont élu domicile depuis peu au rez-de-chaussée d'une maison de ville du XVIIIe siècle à Clerkenwell.

Daisy a toujours mis un point d'honneur à habiter un quartier phare de la vie londonienne. Elle a vécu à Notting Hill sur Ladbroke Grove et dans Portobello Road, puis s'est laissée tenter par un loft épuré de Lavender Hill, à Clapham dans le sud de Londres, où elle a vécu trois ans avant de s'installer à Clerkenwell à l'été 2006. Elle cherchait non seulement un logement central, mais aussi « joli de l'extérieur. » Cet appartement géorgien baigné de soleil au cœur de Clerkenwell était exactement ce qu'il lui fallait. Il n'y avait là rien d'autre qu'un lit et deux tabourets de cuisine, et Daisy n'a pas ménagé ses efforts pour égayer l'appartement. Après un coup d'œil sur son nouvel intérieur, Daisy commente : « Je n'ai que des choses anciennes, et je ne vois rien de contemporain qui puisse s'accorder avec tout cela. J'allais très souvent au marché aux puces quand j'habitais Portobello Road, mais j'ai complètement perdu cette habitude ». Exmouth Market est son nouveau repaire à Clerkenwell. Elle retrouve ses amis au bar Kick qui, avec ses drapeaux italiens peints au sol, correspond parfaitement à son style.

La collection de livres et de disques qu'elle a commencée quand elle était étudiante est un des fils d'Ariane de sa vie. De son père, producteur de musique dans les années 1960-1970, elle a hérité d'une discothèque qu'elle a enrichie de disques des années 1980 dénichés avec le concours du Retro Music Exchange, un magasin de Notting Hill où elle a échangé des tas de vieux vêtements contre des piles de disques d'occasion. La chose a fini par se savoir, et on la sollicite souvent pour animer des soirées bien qu'elle ne se reconnaisse aucun talent en la matière. Près du lit, sur une étagère, sont alignés ses objets les plus précieux : un portrait d'inspiration punk réalisé par son père, une boîte à bijoux orange ramenée de Paris et un livre sur Mulberry Street en souvenir de son appartement de New York.

Composé de deux pièces et d'une petite salle de bains, l'espace est entièrement optimisé. On trouve dans le salon un bureau, un canapé et une cuisine ouverte, tandis qu'un petit placard à vêtements et des piles de livres et de disques s'alignent près du lit dans la chambre. Daisy est pourtant parvenue à imprégner chaque pièce de son style flamboyant. Un plaid léopard Biba, un célèbre grand magasin des années 1970, recouvre le canapé du salon, ainsi que des piles de coussins confectionnés dans des tissus africains. Daisy dessine ses illustrations au crayon sur un bureau années 1950 éclairé par une lampe des années 1910, avant de les scanner pour les retoucher par ordinateur. Elle a un gros pot de feutres de couleur à portée de main, mais réalise aussi de jolies illustrations en noir et blanc. Une composition titrée « Babe Rainbow » s'appuie contre le mur à côté de l'ordinateur, signée Sir Peter Blake, le créateur de la légendaire pochette de l'album *Sergent Pepper's Lonely Hearts Club Band* des Beatles. Dans la partie cuisine peinte en vert, on trouve de vieilles assiettes en fer-blanc, des théières au galbe insolite et une vieille enseigne qui dit : « Keep Active Hands Attractive Hands ! ». Un dessus-de-lit en patchwork de chez Harbour Springs est assorti dans la chambre de taies d'oreillers offertes par un ami du Dakota du Sud.

Les portraits nerveux de Daisy dessinés au marqueur évoquent les tribulations à Londres d'une célibataire trentenaire. Bribes de conversations surprises dans le bus et commérages attrapés au vol dans les soirées mondaines finissent souvent sous la forme de petites phrases dans ses cahiers à tirage limité, comme *He Said, She Said* et *I Told You So*. Cet appartement, petit mais plein de charme, est représentatif d'une certaine tendance londonienne à mener une vie solitaire et créative.

Les « mains » de Daisy ont été exposées à Londres à la boutique Browns Focus située sur South Molton Street.

EC1

Dans la cuisine, tapis **D**esigners **G**uild, huche à pain et théière achetées au **P**ortobello **R**oad **M**arket. **D**aisy a trouvé son bureau chez **S**quires **A**ntiques à **F**aversham dans le **K**ent, non loin de l'endroit où habite sa mère. **À** droite de l'ordinateur, une œuvre de **S**ir **P**eter **B**lake, un ami de la famille. **À** gauche, une lampe achetée chez **CSAO** dans le quartier du **M**arais à **P**aris. **S**ur le mur, les dessins de **D**aisy.

M. Sasek
This
is
New
York
DIEG BOU DIAR

Le canapé du salon est recouvert d'un tissu imprimé léopard de chez Biba et de coussins à motifs africains. Une malle Globe-Trotter sert de rangement. Les cartes de visite et les souvenirs de restaurants, collectionnés par Daisy sont une de ses sources d'inspiration. Les feutres qu'elle utilise pour dessiner sont stockés dans un vieux mug à portée de main, comme un exemplaire de son livre « I Told You So ».

EC2

EMILY CHALMERS
SHOREDITCH

Cette ancienne centrale de taxis située dans une ruelle de Shoreditch a été remaniée pour créer un espace lumineux et fluide à la lisière de la City.

« Je suis très exigeante en général, et encore plus quand il s'agit de mon intérieur », reconnaît la décoratrice Emily Chalmers. « Je préférerais dormir dans notre vieux camion Citroën ou planter ma tente n'importe où plutôt que de vivre dans un appartement que je n'aime pas. » Peu après s'être rencontrés au festival de Glastonbury, Emily et son futur mari Chris se sont installés ensemble à Hackney. C'est leur propriétaire qui leur a parlé d'un bien susceptible de les intéresser : un espace de plain-pied dans un ancien entrepôt libéré par une compagnie de taxis, à la frontière entre la City et Spitalfields Market.

En voyage professionnel à l'étranger au moment de la vente, Emily n'a pu se fier qu'au jugement de Chris avant d'emménager. Plough Yard, la rue de l'entrepôt, doit son nom à une ancienne auberge, le Plough Inn, qui se tenait là au XVIIe siècle et dont les bâtiments d'origine ont disparu depuis longtemps. Emily et Chris ont emménagé un mois avant leur mariage en avril 2002. Ils n'ont trouvé qu'une petite cuisine et une salle de bains plutôt rudimentaire, mais l'essentiel était là : un seul espace ouvert et un cadre brut à définir entièrement à deux pas de Spitalfields Market, là où Chris avait son studio de réalisation.

Avec son immense porte à battants, l'entrepôt était idéal pour entreposer les canapés, les chaises et les tables qu'Emily utilise pour ses séances photos. Les placards ont été éliminés pour éviter de casser les volumes et parce qu'Emily préfère ranger ses affaires sur des étagères. Tout est exposé aux regards, au point que leurs amis ont d'abord eu le sentiment d'entrer dans une boutique. De larges appuis de fenêtres accueillent des livres, des lampes et des vases. Les vitres ont été laissés nues car Emily n'a aucun mal à se lever avec le soleil. Ces meubles et objets anciens rassemblés dans son appartement lui ont donné l'idée d'ouvrir en 2005 sa boutique de décoration intérieure, Caravan.

La principale difficulté pour structurer ce type de volume est de trouver des meubles capables de définir l'espace par leur présence. Chris a fait l'acquisition d'un lit des années 1970 à chevet et cadre en velours qui aurait pu être écrasant ailleurs mais qui s'est avéré parfaitement approprié à la situation. Emily a contribué à déterminer l'espace en suspendant des tentures vertes à imprimés tropicaux pour faire un lit à courtines d'inspiration contemporaine. Lors d'une visite au frère d'Emily à Amsterdam, ils ont trouvé une ancienne table de chasse suffisamment légère pour la faire transporter en bateau jusqu'à Londres. Elle est arrivée à temps pour Noël, et Emily s'est arrangée pour racheter des chaises en bois d'un café de Brick Lane. Elle a cousu en hâte un assortiment de housses de coussins dans des imprimés colorés pour égayer la pièce. Tout était prêt pour réunir quatorze personnes autour de la table du repas de Noël. À côté de la table à manger, Emily a installé un bureau à cylindre en bois ayant appartenu à Chris, qu'elle a reconverti en espace de travail. Son environnement est désormais fait de fleurs, de plumes et de tissus tendus aux murs.

Deux grands canapés matérialisent l'espace salon : un canapé Guy Rogers qu'Emily a déniché à Brixton pour environ 25 euros et un vieux Chesterfield. D'abord destiné au magasin, ce dernier a fini par rester définitivement quand Emily s'est rendu compte qu'il s'adaptait très bien à son appartement. La desserte en bois à ouverture circulaire contient tous les carnets à dessins d'Emily, fabriqués à la main aux Beaux-Arts. Le plateau accueille l'un de ses objets favoris, une lampe sculpturale à abat-jour triangulaire longiligne. Pour amplifier les volumes, elle a suspendu au mur du fond un miroir circulaire, trouvé lui aussi à Brixton. Et pour rendre l'atmosphère plus cosy, elle a posé au sol un tapis en peau de vache et deux poufs en cuir. Un voilage en dentelle sépare la cuisine compacte de la pièce principale. De l'époque de la compagnie de taxis, la cuisine a gardé le minimum de meubles et d'équipements. Mais pour ranger tous ses menus effets, Emily a exploité toutes les surfaces : « J'ai même suspendu des paniers au plafond et utilisé les dessus de placard », dit-elle.

Chris et Emily ont l'itinéraire de travail quotidien le plus agréable qu'on puisse imaginer puisqu'ils n'ont qu'à flâner ensemble jusqu'à Spitalfields Market. Malgré la situation centrale du quartier, ils ont le sentiment de faire partie d'une petite communauté car la plupart des esprits créatifs qui travaillent à Shoreditch y vivent aussi. Chris et Emily aiment cette vie de quartier organisée autour des marchés, dans l'ombre des gratte-ciels de la City.

Une collection de chaises dépareillées et repeintes par Emily attend les invités dans la cour de Plough Yard.

Emily a utilisé un tissu fleuri acheté sur un marché français pour confectionner les coussins des chaises. Ses vêtements favoris sont exposés sur les murs de brique blanche ainsi que des objets chinés et tout le matériel dont elle se sert pour son métier de décoratrice d'intérieur. Le chat Ted, adopté au refuge de Battersea, trouve le canapé Chesterfield très confortable pour sa sieste...

EC2

Un miroir rond déniché à Brixton Market, surmonté d'une lampe fleur de Helena Christensen pour Habitat, voisine avec une robe vintage et une illustration qui décrit les objets favoris du couple. Dessous, une lampe d'architecte orange chinée sur un marché aux puces. Le grand tableau dénommé « Bunny Boy » a été réalisé par Faile, un collectif d'artistes basé à Brooklyn.

La grande pièce à vivre est séparée de la cuisine par un voilage en dentelle. Le lit qu'on aperçoit derrière le canapé est protégé des regards par de grands rideaux confectionnés par Emily. Chaussures et vêtements sont rangés en évidence et non pas cachés dans des penderies qui prendraient trop d'espace. Lorsque le soleil pointe le bout de son nez, Emily s'installe dans la cour pour prendre un café.

UNIT 1

Borough
and

W1, W2, W8, W10, W11
MARYLEBONE
BAYSWATER
KENSINGTON
NORTH KENSINGTON
NOTTING HILL

The Royal Borough of Kensington
and Chelsea
CLARENDON
ROAD, W.11
The Royal Borough of
and Chelsea
HOLLAND
AVENUE,

The Royal Borough of Kensingt
and Chelsea
KENSINGTON
COURT, W.8

The Royal Borough of Kensington
and Chelsea
HOLLAND PAR
TERRACE, W.1

PORTOBELL
ROAD, W.

Au début du XVIIIe siècle, le West End englobait les quartiers de Fitzrovia, de Marylebone, de Mayfair et de Soho. Mayfair a toujours été le plus cossu d'entre eux et le lieu de prédilection des élites londoniennes. Le petit village de Marylebone est devenu au XIXe siècle un lieu de résidence à la mode. Charles Dickens, George Eliot et Wilkie Collins entre autres écrivains victoriens ont habité le quartier, et Thackeray a décrit Portman Square dans « Vanity Fair » comme un des lieux de villégiature les plus enviables de la ville. C'est aujourd'hui celui de Madonna et de Guy Ritchie.

De l'autre côté d'Edgware Road, Bayswater est connu pour ses communautés grecque et maghrébine regroupées autour d'Edgware Road, et pour ses grands axes commerçants, Queensway et Westbourne Grove. Whiteleys, le premier grand magasin londonien ouvert sur Westbourne Grove, est devenu un vaste centre commercial équipé d'un cinéma. Plus à l'ouest encore, Kensington est un quartier aisé dont la réunion avec Chelsea forme l'unique « Royal Borough » de Londres. Il est traversé par Kensington High Street, qui a récemment été reconnue comme la deuxième artère commerçante de Londres. L'extrémité nord de Kensington forme le secteur de Notting Hill organisé autour de Ladbroke Grove et de Golborne Road.

Notting Hill est lui-même un des secteurs les plus prisés de Londres, élu par une pléiade d'acteurs, de mannequins et de créateurs de mode dont Sienna Miller et Stella McCartney. C'était pourtant au XIXe siècle un faubourg populeux réputé pour ses taudis insalubres, et jusqu'au XXe siècle pour ses logeurs sans scrupules. C'est seulement à partir de 1967, quand Notting Hill a acquis le statut de secteur sauvegardé et que ses villas et ses « terrace houses » victoriennes ont commencé d'être restaurées, que le quartier est devenu attractif.

W1

ADAM HILLS + MARIA SPEAKE
MARYLEBONE

Cet appartement terrasse aux parois de verre a été conçu par le père du propriétaire. Construit sur le toit d'un hôtel particulier de Marylebone, il a subi une métamorphose réussie.

Après leurs études d'architecture à l'université de Glasgow, Adam Hills et Maria Speake se sont installés à Londres en 1997 pour ouvrir leur commerce d'antiquités architecturales, Retrouvious. Cet appartement terrasse de Marylebone leur est apparu d'emblée comme l'endroit idéal pour organiser des soirées. Onze ans ont passé, Adam et Maria ont aujourd'hui deux enfants en bas âge et leurs besoins ont complètement changé. Après les fêtes sur les toits, ils ont eu envie de donner à leur intérieur une atmosphère plus familiale.

C'est le père d'Adam, l'architecte Nicholas Hills, qui a conçu l'appartement en 1973 comme une structure en verre greffée sur un hôtel particulier d'époque édouardienne. La structure des chambres et de la salle de bains épouse celle des murs d'origine ; la tourelle a accueilli une chambre circulaire et les lucarnes ont été intégrées à une chambre plus petite et à la salle de bains. L'espace dévolu aux chambres a été réduit au minimum pour libérer des pièces à vivre aux volumes généreux et fluides.

L'appartement n'avait subi aucune modification majeure depuis sa conception, mais Maria avait envie de lui redonner un peu de couleur avant l'arrivée de son deuxième enfant. Adam et elle ont cherché à utiliser le plus de matériaux de récupération possible. Dans de gros blocs de marbre mis au rebut par Blagdens Fishmonger, une poissonnerie qui a fermé en 2005, ils ont façonné des plans de travail pour la cuisine. Maria aimait beaucoup les sillons creusés dans le marbre mais, à sa grande déception, le maçon a pris la décision de le polir pour en éliminer les « imperfections ». Les éléments de rangement ont été revêtus de tôle d'aluminium en écho aux montants cruciformes et à l'huisserie des fenêtres qui étaient dans le même matériau. La lampe années 1950 aux abat-jour colorés installée en hauteur au-dessus du plan de travail est une pièce de récupération que Maria a convaincu Adam de garder. Dans la configuration d'origine, la cuisine occupait le centre de l'appartement. Mais la logique d'occupation des lieux avait changé et elle était devenue trop petite, surtout en présence de leur bande d'amis. « Tout le monde passait son temps dans la cuisine, se souvient Maria, et finalement nous n'utilisions qu'une toute petite partie de l'espace disponible. » Pour sa nouvelle vie de famille, elle avait envie d'une grande cuisine dînatoire, et elle a décidé d'intervertir la cuisine et son bureau. Le reste des éléments de rangement de la cuisine a été réalisé à partir d'anciennes paillasses de laboratoire en bois satiné choisies par Maria pour leur grain lisse et chaud. Parmi les plus belles trouvailles d'Adam figurent de vieux panneaux de signalisation détachés des couloirs du métro londonien. Le panneau de la Central Line (avec l'indication de direction pour la Northern Line) fait désormais office de plateau sur leur table à manger montée sur pieds en bois de récupération. Autour de la table sont disposées des chaises BA 21B signées Ernest Race, à cadre en aluminium patiné de blanc et avec des garnitures rouge cerise.

Un motif diagonal dessiné par Nicholas Hills est reproduit dans l'appartement sur les tapis, les rideaux et les carrelages. Quand il a fallu renouveler les stores d'origine, Maria a tenu à conserver cette signature imaginée par son beau-père, et les a remplacés par un tissu de la même époque peint à la main qu'elle a utilisé en diagonale. Dans le salon, les meubles laissent de la place pour les jeux de balle des enfants. Seuls sont restés un poêle à éthanol, un banc en bois fabriqué avec des piquets de récupération, une chaise PK 22 signée Paul Kjaerholm, et une chaise en cuir blanc Joseph Palumbo, achetée à l'origine par Nicholas Hills. Une balançoire en bois est suspendue au plafond pour le bonheur de leur fils Marcus. Au mur du fond est accroché un panneau qui porte l'inscription Ave Maria, et sur lequel Adam a cru lire AVH Maria, ses initiales et le prénom de sa compagne, quand il l'a acheté dans une foire aux antiquités. Près de la fenêtre, une banquette accueille des coussins en tissu signés Nicolas Hills et Felix Spicer.

L'appartement terrasse s'est révélé être l'espace le plus flexible, tout aussi capable de contenir cinquante invités pour une soirée entre amis que de satisfaire les désirs de deux bambins. Adam et Maria déplacent volontiers les meubles pour les adapter aux besoins du moment, et une banquette en cuir sert alternativement dans la salle de bains ou dans le salon comme siège d'appoint. Le principal défi consiste pour Maria à retenir ses pièces favorites avant qu'Adam ne les confisque pour les descendre à l'entrepôt !

Marcus, l'aîné des enfants, s'en donne à cœur joie avec la balançoire installée devant un banc en bois fabriqué par ses parents à partir de piquets récupérés sur une décharge à Londres dans la Cité.

Le plan de travail en marbre provient de la boutique d'un poissonnier du quartier. Au-dessus, le luminaire aux abat-jour colorés est une pièce des années 1950. Les éléments de placards du mur du fond ont été fabriqués avec des paillasses en bois récupérées dans un laboratoire. La salle de bains est restée pratiquement à l'identique depuis 1973, avec son carrelage au graphisme typique de l'époque.

Dans la tourelle, le lit rond accueille un jeté en fausse fourrure ; le coussin Love est de By Guru à Copenhague. À la tête du lit, bas-relief de chez Retrouvius et lampe d'architecte vintage.

La suspension de 1970 contraste avec le plafond en tissu plissé. Entourée de chaises Ernest Race rouge cerise, la table à manger a été réalisée avec une plaque de métro londonien et des pieds en bois récupérés.

W1

W1

JANE COLLINS
MARYLEBONE

Dans le quartier de Marylebone, Jane Collins a investi une maison palladienne pour laisser libre cours à ses talents de collectionneuses. Depuis, la maison regorge de trésors des années 1930.

La décoratrice Jane Collins a ouvert en 1997 sa boutique Sixty6 dans Marylebone High Street, avec l'ambition d'inaugurer un nouveau concept de vente en proposant un mélange d'antiquités et d'articles de mode. L'idée a obtenu un succès immédiat auprès d'un public aisé en quête d'originalité et d'alternatives à l'éternelle petite robe noire.

Jane et son mari Stephen avaient fait l'acquisition en 1988 d'une maison palladienne en stuc blanc dans le quartier de Marylebone. « La maison n'a plus rien à voir avec son aspect d'origine, raconte Jane. Au départ, elle ne faisait pas plus d'un tiers de sa surface actuelle. » Après la naissance de leurs deux enfants, Jane et Stephen se sont arrangés pour racheter en 1994 un appartement attenant, puis encore un autre dix ans plus tard. « Nous avons commencé après notre mariage une collection de meubles et d'objets glanés au hasard de nos voyages », continue Jane. À la place du grille-pain et des gants de cuisine traditionnellement prévus par la liste de mariage de chez John Lewis, ils ont préféré investir dans une table années 1930 de style Biedermeier : « C'était bien plus exceptionnel », commente Jane.

La famille passe le plus clair de son temps au rez-de-chaussée, dans le salon en plan ouvert et dans le grand jardin d'hiver qui donne sur le jardin extérieur. Pour cet espace, Jane a choisi des meubles contemporains. Des lampes italiennes en inox s'alignent au-dessus de sièges turquoise des années 1970 à piètement chromé. Jane écrit sa correspondance sur un bureau noir et chrome Kassel des années 1930, décoré d'une collection de vases en verre Holmegaard des années 1960 et d'une lampe à socle en plexiglas style années 1960. Un paravent délimite un espace dînatoire pour les invités, mais les repas en famille se prennent le plus souvent autour de la table blanche de la cuisine signée Arne Jacobsen.

Dans le séjour en double hauteur du premier étage, des canapés à accoudoirs incurvés, des fauteuils et d'élégantes dessertes aux pieds fuselés témoignent du goût de Jane pour le style italien des années 1940. Plusieurs assortiments de vases en verre mêlent du verre italien des années 1940 et des modèles scandinaves des années 1960. Jane est particulièrement attachée à un groupe de petites sculptures années 1930 de Franz Hagenauer : « J'y tiens particulièrement parce que c'est un cadeau de mon mari », dit-elle. Elle a aménagé un coin confortable sur la galerie à l'étage, meublé de canapés profonds assortis de coussins en cachemire Ralph Lauren, sur lesquels toute la famille s'installe pour regarder la télévision.

L'atmosphère de la chambre de Jane, avec ses lustres à pendeloques plaqués or, sa coiffeuse ancienne et son fauteuil tendu de velours, est elle aussi inspirée des années 1940. Le fini très brillant d'une commode contraste avec la texture des tables de chevet gainées de cuir grenu. Dans la cuisine et les salles de bains, Jane a délaissé les couleurs neutres pour sortir là aussi de l'ordinaire. « Les murs de la cuisine ont été peints à la bombe avec une laque pour carrosserie vert pistache, de façon à obtenir un fini glacé », indique-t-elle. Même les tabourets de cuisine sont des modèles Charlotte Perriand des années 1930. La pièce maîtresse de la salle de bains, d'inspiration années 1930 elle aussi, est une bouteille en verre opaque rose de style cubiste. « J'ai voulu lui donner un charme un peu suranné, comme celui des salles de bains cossues d'avant guerre, ou des hôtels d'autrefois », dit Jane.

La maison de Jane et de Stephen est le résultat de vingt-cinq années passées à collectionner et à imaginer ensemble leur intérieur. Elle regorge de trouvailles anciennes, et seuls les équipements de la cuisine et des salles de bains sont neufs. Il devient de plus en plus difficile de faire des affaires car la mode est aux collections de mobilier du XXe siècle, mais quand elle tombe sur l'objet de ses rêves, Jane est prête à y mettre le prix. « J'adore vendre et acheter, admet-elle, même si je sais que je ne peux pas tout garder. »

De superbes bijoux fantaisie enjolivent les pièces de la maison décorées dans des teintes douces et subtiles.

La table en bois de style Biedermeier a été réalisée en 1930 tandis que les chaises françaises en métal avec leur revêtement d'origine datent de 1940. Dans la véranda tout juste rénovée, Jane a placé la table Tulip et les chaises Series 7 du designer danois Arne Jacobsen. La collection d'objets en verre italien des années 1940 et d'objets scandinaves des années 1960 anime le salon à double hauteur de plafond.

Beauté de la corniche moulurée dans le salon à la décoration empruntée au style palladien. Le coin télévision est cosy avec son canapé confortable et ses coussins Ralph Lauren en cachemire.

Le bureau noir et chrome Kassel des années 1930 abrite une collection de vases en verre coloré et une lampe à socle en plexiglas. Devant, une chaise en bois à roulettes de 1950 copiée sur le style Pierre Cardin.

W2

SIMON TEMPLETON
BAYSWATER

Seize mois de travaux ont été nécessaires pour transformer cette ancienne écurie en un modèle de minimalisme sophistiqué.

Après leur mariage en 2000, Simon et Gillian Templeton ont cherché une maison abordable dans le centre de Londres et sont tombés sur cette petite écurie des années 1820 à aménager, en retrait de Connaught Square. L'achat de la propriété a été le début d'un long travail de restauration qui a duré seize mois. Gillian a dû faire une confiance aveugle à son mari architecte, car elle avait peine à imaginer la métamorphose de cette masure décrépite en une maison élégante et contemporaine.

Leur petit cottage avait dû être raccordé à l'origine à l'une des « terrace houses » géorgiennes de Connaught Square, dont les façades arrières donnent sur une rangée d'anciennes écuries. Au XIXe siècle, les écuries pavées accueillaient chacune deux chevaux et un équipage, tandis que leur maître logeait à l'étage. Le sous-sol de la maison de Simon et Gillian communique avec une terrace house à laquelle il a dû autrefois servir d'arrière-cuisine. Les nouveaux propriétaires ont commencé par vérifier auprès de leurs voisins la disponibilité du sous-sol : étant donné le standing du quartier, ils n'auraient pas été autrement surpris de trouver sous leurs pieds une piscine ou une salle de billard. Il a fallu extraire du sous-sol quinze bennes entières de gravats, mais ils ont eu la bonne surprise de découvrir près de cent mètres carrés de pierre de York, dont Simon pense qu'ils ont dû faire partie du pavage d'origine du corps de bâtiment. Les arches voûtées en brique de deux mètres de haut, liées par du sable jaune, sont vieilles de deux cents ans. Elles étaient prévues pour supporter les charges des chevaux et de l'équipage. Cet espace souterrain est devenu méconnaissable après l'aménagement d'une chambre et d'une salle de bains voûtées, ainsi que d'un petit atelier dont l'éclairage fait la part belle à la lumière naturelle.

Pour raccorder les trois étages sans perte d'espace, Simon a dessiné un escalier en colimaçon en chêne massif muni d'une rampe en verre. Il a installé du chauffage au sol aux étages inférieurs et utilisé de larges dalles en marbre de Sicile pour amplifier les surfaces. Le blanc est la règle chromatique générale, des sols au mobilier dont deux fauteuils et une ottomane Barcelona, des classiques du design signés Mies van der Rohe. Autour de la table à manger, adaptée d'un prototype de support de bureau en métal conçu par Norman Foster, s'alignent des chaises contemporaines Aria. À l'étage, Gillian a voulu donner à la grande chambre et au dressing un style boudoir, avec une courtepointe en soie gris perle trouvée chez Space Boudoir et des tapis en fourrure. Ses sacs à main, ses chaussures et ses robes du soir fétiches sont exposés dans le dressing qu'éclaire une sinueuse lampe noire Art Déco en forme de chat. Des rideaux en organza brodé et une moquette grise contribuent à adoucir l'atmosphère.

La vie dans ce type d'espace n'a rien d'ordinaire : « Nous avons découvert une communauté de gens soudés, je n'avais jamais vécu cela à Londres avant », affirme Gillian. Devant les fenêtres du séjour, Simon et elle ont planté de grands oliviers dans des bacs badigeonnés de peinture blanche. Ils aiment s'installer sous les arbres les soirs d'été, entourés de leurs amis et de leurs voisins.

En 2004, le Premier ministre Tony Blair et sa femme Cherie achètent la maison principale sur Connaught Square. Lorsque les Templeton mettent en vente leur domicile en 2007, les Blair voient l'opportunité d'agrandir leur foyer. Impressionnés par l'utilisation ingénieuse de l'espace et par la décoration, ils commissionnent Simon en tant qu'architecte. Sa mission sera de réaménager la maison principale et de relier les deux propriétés pour n'en faire qu'une. Le résultat : de vastes pièces de réception mais aussi, selon les vœux exprimés par la famille Blair, une cuisine agréable pour prendre leurs repas en famille, qui occupe tout le rez-de-chaussée de l'ancien domicile des Templeton.

Devant leur maison de Bayswater, une rangée d'oliviers en pots abrite Simon et Gillian des regards.

Le canapé beige est une pièce de Capellini ; chaises et repose-pieds Barcelona sont des classiques de l'architecte Mies van der Rohe. Le mur du fond a été réalisé par Simon, niches et éclairages compris.

Le plateau en bois de la table à manger, autre création du maître de maison, est posé sur un socle, prototype de Norman Foster. Les sièges sont des chaises contemporaines achetées 25 € pièce !

W2

Au premier étage, la décoration épurée – presque austère – de la chambre est rehaussée par les draps de lit en satin gris perle Space Boudoir. Au salon, bougies aux belles proportions, vase en papier plissé et divers coquillages dans une coupe en bois contemporaine viennent en appoint de la tonalité beige des murs et du mobilier. Une lampe-chat Art Déco apporte sa douce lumière au dressing de Gillian.

W8

CAROLE CONRAD
KENSINGTON

Dans un immeuble années 1960 dessiné par Richard Seifert et situé dans une des rues les plus huppées du monde, l'architecte David Chipperfield a imaginé un intérieur zen minimaliste.

Quand leurs enfants ont quitté la maison en 1996, Carole et Neville Conrad ont décidé de tourner la page. Ils ont échangé leur maison familiale victorienne de Holland Park contre un appartement au dernier étage d'un immeuble résolument moderne dans la très sélect Kensington Palace Gardens, avec vue sur l'ambassade de la République tchèque. Son architecte, Richard Seifert, est connu pour ses constructions caractérisées par leur modernisme intransigeant, comme la NatWest Tower de la City ou l'emblématique Centrepoint à l'angle de Tottenham Court Road et de Oxford Street. Carole souhaitait vivre dans un lieu « plus contemporain, dans un espace de type loft aux volumes fluides ». Son mari était prêt à tenter l'expérience, même s'il était plus dubitatif quant aux mérites de la vie en espace ouvert. Personne ne voulait de cette carcasse vide qu'un promoteur immobilier avait entièrement mise à nu, mais Carole n'avait pas peur d'un cadre brut. Il a fallu deux ans et demi pour venir à bout des travaux de structure, et Carole et Neville ont finalement emménagé en juin 1999.

Pour les épauler, les Conrad ont choisi l'architecte David Chipperfield, réputé pour son goût des architectures modernistes. Carole ne voulait pas d'un minimalisme austère trop exacerbé : « Nous voulions quelque chose de simple, mais qui garde une certaine chaleur, avec des effets de texture. » Les murs, traités avec un plâtre lissé à la main, avaient été prévus pour recevoir leur collection de tableaux, mais Carole et Neville ont finalement préféré préserver la pureté des surfaces. Aussi n'y a-t-il aucun tableau dans la maison, mais une collection de céramiques contemporaines réalisées par des céramistes aussi réputés que Edmund de Waal, dont les formes sculpturales s'insèrent harmonieusement dans le cadre général. « L'espace était presque à lui seul une œuvre d'art, j'ai voulu le mettre en valeur pour lui-même », explique Carole.

Carole et Chipperfield ont travaillé main dans la main et se sont rencontrés tous les quinze jours pour faire le point sur les travaux en cours. Carole n'a rien laissé au hasard, prête à fournir le détail du nombre de robes, de costumes et de paires de chaussures de sa garde-robe et de celle de son mari. « Personne d'autre que vous ne sait comment vous vivez, s'explique-t-elle. Il faut être très clair sur ce que l'on veut. » Au bout de quelques mois, Chipperfield avait parfaitement compris l'usage que Carole et Neville voulaient faire de leur appartement. Carole et lui ont associé leur fibre perfectionniste pour faire disparaître les radiateurs, les canalisations et les prises électriques. Tout a été encastré ou masqué, jusqu'aux spots réalisés en verre opaque pour les accorder au plafond.

Chipperfield a dessiné lui-même une grande partie du mobilier, dont des chaises assorties à une table à manger, des tables pliantes en métal et des tapis verts tressés à la main. L'écran cintré de la chambre et la tête de lit sont habillés de chanvre de Manille. Les pieds et le plateau du bureau de Carole ont été conçus spécialement pour dissimuler les fils d'alimentation de l'imprimante et de l'ordinateur, de même que les tables de chevet qui masquent les interrupteurs électriques et les boutons de commande de la chaîne hi-fi. Le dressing réalisé en noyer américain brun sombre est pourvu de placards dédiés aux chaussures et aux sacs à main de Carole, et même de tablettes coulissantes pour ses vêtements plissés Issey Miyake qu'elle roule soigneusement. Chipperfield a voulu insérer la salle de bains dans l'appartement comme un seul grand bloc de marbre, intercalé entre la chambre et le dressing. Les murs, le sol, la baignoire et les lavabos ont tous été façonnés dans un travertin en provenance de la même carrière, et la baignoire est équipée de canalisations chauffantes pour maintenir l'eau à température. Le lavabo, fait d'un bloc de marbre d'un seul tenant, court le long d'un miroir qui habille toute la partie supérieure d'un pan de mur.

À mesure que le projet se précisait, certains éléments ont subi des modifications : l'escalier principal a pris une allure plus sculpturale tandis que l'escalier secondaire a été simplifié. Depuis le séjour, l'escalier central dessert la galerie du premier étage où Carole a installé son bureau, séparé de la chambre par l'écran incurvé. Le trait le plus frappant de l'appartement est ses fenêtres en double hauteur qui diffusent de chaque côté une lumière filtrée par de grands arbres. Les tons verts du feuillage trouvent un écho à l'intérieur dans des tapis conçus par Chipperfield et des coussins Kate Blee. Neville n'est toujours pas convaincu par le plan ouvert, mais sa femme et lui s'accordent à dire qu'ils ont vécu une expérience magnifique.

Gros plan sur l'escalier incurvé qui relie le rez-de-chaussée au premier étage, son design est digne d'une sculpture moderne.

L'architecte David Chipperfield et la styliste Kate Blee ont conçu canapés, tapis et tissus dans des couleurs qui s'harmonisent aux verts tendres de Kensington Gardens, le parc voisin. Un écran cintré en abaca abrite le lit dont les montants sont réalisés dans le même matériau. La collection de céramiques contemporaines Edmund de Waal et Rupert Spira trouve sa place sur une longue étagère.

Le sol et le grand lavabo sont en travertin et la vaste baignoire est constituée de deux blocs de marbre. Les tuyaux de chauffage encastrés gardent la pierre chaude et maintiennent l'eau du bain à bonne température. Dans la chambre, les portes en noyer américain d'un belle teinte sombre coulissent pour révéler un dressing composé de tiroirs, d'étagères et de tringles.

W8

W10

JUSTIN THORNTON + THEA BREGAZZI
NORTH KENSINGTON

Un couple de créateurs de mode a imaginé un intérieur dans l'air du temps qui n'exclut pas les références au passé.

Justin Thornton et Thea Bregazzi, originaires de l'île de Man, se sont rencontrés alors qu'ils étaient adolescents. Ils ont lancé en 1996 la marque de couture Preen, dont les modèles sont aujourd'hui portés par Kate Moss, Chloë Sevigny et Amy Winehouse, ou encore, chez les hommes, par le musicien Bobby Gillespie du groupe Primal Sream et les membres d'Arctic Monkeys. Ce couple a toujours adoré le marché de Portobello Road pour ses vêtements d'occasion et ses antiquités, et Thea n'aurait pas imaginé vivre dans un autre quartier. Ils ont acheté cette « terrace house » victorienne en 2005, qui leur permet de faire le trajet à pied jusqu'à leur atelier de Portobello Green.

« Nous avons toujours fait collection de toutes sortes de choses, et nous aimons beaucoup le mélange d'ancien et de moderne », explique Thea. Le salon en est l'illustration parfaite, qui associe une table miroir aux lignes contemporaines dessinée par Justin et Thea, des chaises victoriennes garnies de crin de cheval et des chaises d'église anciennes, avec au dossier un compartiment destiné à l'origine à ranger les livres de prière, mais qui sert désormais à remiser des catalogues de mode. Le manteau de cheminée est flanqué d'un luminaire argenté en forme de bouquet de fleurs et d'une œuvre d'art contemporain dont les centaines de ballons blancs assemblés imitent des pétales de fleurs ou des coquillages. Justin et Thea ont une prédilection pour ce genre de trompe-l'œil en trois dimensions, dont le lampadaire blanc à abat-jour tambour, entièrement en inox, est un autre exemple.

Justin et Thea ont apporté très peu de modifications structurelles à leur maison, se contentant d'abattre une cloison entre le séjour et la salle à manger pour améliorer la luminosité et la fluidité de l'espace. Ils y passent beaucoup de temps les mois d'été, près de la double porte ouverte sur le jardin. Les cheminées fonctionnent pendant les mois d'hiver rigoureux, et Justin et Thea se sont aménagé un nid douillet devant l'âtre au premier étage. Pour créer un environnement chaleureux, les murs ont été peints dans un ton gris tirant sur le vert, la nuance « Pigeon » de chez Farrow & Ball. Des étagères reçoivent des catalogues professionnels et des collections de revues. Dans la lignée d'une récente collection déclinée dans des tons rose fuchsia, ils ont habillé une chaise « Œuf » Arne Jacobsen de la même couleur et confectionné des coussins avec leurs chutes de tissu. Les espaces de rangement libérés de part et d'autre de la cheminée accueillent une collection de poupées russes blanches signée Martin Margiela, et la liseuse « Miss Pac » près du fauteuil en cuir est un modèle inspiré de Pac Man signé Alvin Bagni pour Habitat.

À propos de Thea, Justin dit par plaisanterie qu'elle est née dans une jupe « mini-crini », le style très « petite fille » inventé par Vivienne Westwood pour une de ses collections en 1985. Pour appuyer sa thèse, il a exhumé d'un carton une photographie de Thea à quatre ans dans une robe rouge, qu'il a fait agrandir sur une toile. Il est vrai qu'elle a passé une partie de ces dernières années dans des chaussures Westwood à talons compensés de 10 cm. « Je ne sais pas comment j'ai fait, reconnaît-elle. Elles sont superbes, mais pas très stables ». Sa collection de vêtements vintage et contemporains est rangée à l'étage dans le dressing, la chambre et un placard de plain-pied. Une de ses pièces fétiches est une veste de deuil victorienne perlée de jais. « La confection et les baleinages sont incroyables, remarque-t-elle. On ne trouve plus ce genre de choses sur le marché. »

La chambre et la salle de bains partagent une atmosphère romantique et surannée. Les fenêtres de la salle de bains sont tendues de dentelle ancienne, près d'un fauteuil de récupération et d'un lavabo sur colonne en porcelaine émaillée. Les textiles de la chambre sont actuels, avec une courtepointe en satin Laura Ashley et des coussins brodés édités par Ghost, la marque de couture. Sur la tablette de la cheminée, des exemplaires de la Bible reliés à la main voisinent avec une collection de papillons épinglés sous verre.

Le goût de Thea et de Justin pour le détail méticuleux et les broderies ouvragées des meubles et des vêtements anciens se retrouve dans leurs collections. Les coupes de leurs vêtements près du corps pourraient les faire passer pour des modernistes accomplis, mais leur inspiration prend en réalité plutôt sa source dans des modèles d'autrefois.

Un résumé des goûts et du travail de Justin et Thea : la mode avec une pile de magazines et les objets vintage comme ce téléphone Serie 746 en plastique dans deux tons de vert.

Création du couple, la table miroir est flanquée de chaises désassorties dont deux modèles « **DSW** », dessinés par **Charles** et **Ray Eames** et deux sièges d'église. Le bouquet de fleurs en argent est un luminaire qui éclaire le tableau au-dessus constitué de centaines de ballons blancs. Les murs peints avec la nuance « **Pigeon** » de **Farrow & Ball** offrent un arrière-plan apaisant au siège rose flamboyant **Egg**.

Dentelle ancienne bordée d'un galon indien doré devant la fenêtre, lavabo rétro en porcelaine blanche, boiseries laquées et fauteuil de récupération donnent une atmosphère apaisante à la salle de bains.

Au lieu du traditionnel tapis dans l'escalier, Justin et Thea ont laissé une bande de bois brut, ce qui ajoute au côté vieilli, voulu par le couple pour l'ensemble de la maison.

W10

La vitrine à papillons accrochée au-dessus de la cheminée est un cadeau de Lucy Barlow, amie et modiste de profession. Le fauteuil club en cuir patiné par les ans est juste à la bonne hauteur pour servir de tour de guet à Monty, le fox-terrier de la maison.

Au salon, le lampadaire Spun est une création de Sebastian Wrong pour Flos. Dans le coin opposé, une petite télévision est posée en sandwich entre deux piles de magazines. La coupe à fruits plaqué or sur le dessus est une pièce de Harry Allen.

W11

SAM ROBINSON
NOTTING HILL

Cet intérieur coloré parsemé de détails insolites porte la marque de fabrique de sa créatrice, propriétaire d'une des boutiques de décoration les plus en vue de Notting Hill.

Pour y avoir vécu toute sa vie, Sam Robinson connaît l'ouest de Londres dans ses moindres recoins, des marchés de Portobello Road aux faubourgs alentour à l'atmosphère plus villageoise. Elle avait même déterminé la rue dans laquelle elle voulait habiter, et a attendu patiemment qu'une maison soit mise en vente pour faire une offre d'achat le jour même, ce qui fut fait en 2004. Depuis qu'elle a déménagé ses meubles dans la rue avec l'aide de ses amis et anciens voisins, Sam est connue de tout le quartier.

Avec son associée Sarah O'Keefe, elle tenait déjà un commerce non loin de là à Clarendon Cross, et aimait beaucoup l'idée de pouvoir s'y rendre à pied le matin. The Cross, sa boutique, a fait sensation dès son ouverture en 1996. Le magasin est très vite devenu un passage obligé des amateurs de décoration, et s'est fait connaître pour ses modèles bohème chic et son style ouvertement kitsch. On y trouve pêle-mêle des affiches rétro, des robes du soir et des jouets d'enfants qui reflètent les goûts éclectiques de ses propriétaires trentenaires. Un nouveau magasin d'articles pour la maison, Cross The Road, a ouvert depuis juste en face de la boutique mère.

Son mari Charlie Hall, très admiratif de ses intuitions décoratives, l'a encouragée à exercer son talent exubérant sur l'aménagement intérieur de leur maison. Elle n'a pas manqué toutefois de le consulter pour éviter que son penchant démesuré pour les imprimés floraux et les tissus rose fuchsia ne finisse par donner à son intérieur une allure de bonbonnière. Au rez-de-chaussée, le séjour et l'espace repas communiquent, et le plancher vert pâle contraste avec des tapis ouzbeks de Samarcande et des lampadaires en résine translucide des Philippines. Pour les stores, Sam a sélectionné un imprimé Timorous Beasties. Sur les fauteuils et le canapé se mélangent des coussins et des plaids The Cross et Dosa, une boutique new-yorkaise. Les murs arborent des affiches d'une série culte de Gerald Laing, « Bikini Girls », trouvées il y a des années dans une brocante. Le style de Sam est détonnant : elle a enjolivé une boîte de papillons épinglés sous verre de guirlandes électriques et détourné un jeté de lit de mariage marocain pour en faire des coussins. Pour la cuisine, Sam a donné carte blanche à Charlie. Tous les deux reçoivent beaucoup, et Sam a fait une provision de verres de restauration pour préserver ses beaux verres anciens. Les éléments de cuisine viennent de chez Ikea, et les plans de travail sont faits à partir de paillasses de laboratoire mises au rebut par une école. Les ustensiles ménagers ont été achetés chez Buyers and Sellers, sur Ladbroke Grove. La signature éclectique de Sam se reconnaît toutefois dans le mélange d'objets actuels et anciens, dont un vase de mariage nigérian.

Dans la salle de bains, Sam a laissé s'exprimer pleinement son côté kitsch. Elle a déniché chez Celia Birtwell, une de ses créatrices favorites, un imprimé floral à l'ancienne pour les stores. Elle a complété la décoration par une courtepointe trouvée chez Sheila Cook et des coussins tirés de sa propre collection de tissus vintage. Sur le palier trône une vieille chaise en bois peinte en blanc habillée d'un imprimé Union Jack. Le siège accueille un luxueux coussin en tapisserie à l'aiguille représentant un autre Union Jack, signé de la directrice artistique de *Vogue*, Lucinda Chambers. L'ambiance de la salle de bains est délibérément désuète, avec une baignoire aux rebords arrondis et un motif vintage en pétales de rose auquel répondent des étagères Miv Watts et un miroir à l'ancienne Cath Kidston. Charlie, qui tient une agence de voyages culturels à Venise, passe plusieurs mois de l'année en Italie, et les chambres de leurs fils sont tapissées de posters de Venise et de dessins de gondoles. Chacun des lits d'enfant est recouvert d'un dessus-de-lit brodé main par Shirley Mc Lauchlan, dont les points scandent les paroles d'une comptine et dessinent leurs personnages favoris (même le chien Lily !).

À l'extérieur, le jardin clos est planté de palmiers, de bananiers et de bambous autour d'un deck en bois et d'une cour pavée de galets. Sam a tendu de grands coussins de sol d'un tissu rayé pour décorer le deck, et rapporté de sa propre boutique un parasol coloré (elle dessine chaque année une nouvelle collection de tissus d'extérieur pour The Cross dans ses imprimés floraux et ses rayures caractéristiques). Juste avant de rencontrer Sam, Charlie avait perdu tous ses biens dans un incendie, dont une incroyable collection de livres et de disques. Il a commencé une nouvelle collection, mais il a aussi embrassé avec enthousiasme le style de Sam, et une foultitude de coussins roses et de tissus vintage a même trouvé le chemin de son abri de jardin.

Dans une chambre, couvre-lit de Sheila Cook et coussin dessiné par Sam et réalisé dans un tissu ancien.

LOVE

Au salon, une lampe ronde des **Philippines**, en résine, a trouvé sa place sur un pouf du magasin **Dosa** ; de grands coussins colorés de la boutique **The Cross** posés à même le sol offrent tout le confort à la chienne **Lily**. **À droite**, sur le fauteuil **Myriad**, jeté **The Cross** et coussins teints **Dosa**. Au mur, un tableau réalisé par **Chris Kenny** est prêt à prendre son envol au-dessus d'un écran de cheminée de **Miv Watts**.

W11

Débauche de roses dans la salle de bains : étagère à tiroirs de Miv Watts et peintures de chez Wild at Heart. Rose aussi, le lustre dans la chambre à coucher, acheté dans le quartier de Fulham à la boutique Tuchra, spécialisée dans les objets syriens. Dans la salle à manger, la peinture de Rebecca Miller-Cheevers est un des tableaux favoris de Sam. La table provient de Bazar sur Golborne Road.

Une chemise Paul Smith joue les œuvres d'art au-dessus du lit. Lits d'enfant et cheval à bascule ont été dénichés dans un bric-à-brac ; rideaux de chez Cath Kidston et tapis en vachette de chez Made. Dans la remise de Charlie, coussins Megan Park sur le canapé Chesterfield ; la table d'appoint accueille une lampe à abat-jour en tissu Woods de Martha Krempel, une amie du couple.

W11

CARINA COOPER
NOTTING HILL

À Notting Hill, nonchalance et sophistication s'associent dans cette maison de famille Arts and Crafts et créent une atmosphère inspirée de l'esprit boudoir à la française des années 1930 et 1940.

Pour ses livres de cuisine, Carina Cooper imagine des recettes à base de produits biologiques et régionaux qu'elle se procure sur les marchés ou dans les épiceries fines de Notting Hill. Elle s'inspire des spécialités espagnoles, portugaises et antillaises des communautés du quartier pour imaginer de nouveaux plats ou remettre au goût du jour des classiques.

En se promenant dans le quartier, Carina s'est familiarisée avec ses rues et ses maisons, dont une en particulier a attiré son attention par son allure Arts and Crafts insolite. Elle était restée en vente pendant dix-huit mois, du jamais vu à Notting Hill. Une même famille avait habité la bâtisse pendant quarante ans et l'agencement intérieur était un peu vieillot. Un escalier central desservait de petites pièces, dont aucune n'était suffisamment grande pour faire un séjour familial ou une grande cuisine.

Carina était à la recherche d'une maison pour elle et ses quatre filles. Elle a longuement réfléchi aux possibilités d'abattre les cloisons ou de créer une extension pour amplifier les volumes avant de faire une offre en 2006. Elle a finalement construit une extension sur deux étages pour dégager une cuisine de 7 m de long. « C'est la grande cuisine avec ses fenêtres tournées vers le jardin, estime Carina, qui fait le cachet de la maison. »

« Je n'ai pas engagé d'architecte, raconte-t-elle, car j'adore retaper et décorer les maisons. » Un ami a dessiné les plans et les travaux ont été réalisés en seulement cinq mois. Carina a cherché un équilibre entre ses propres besoins, disposer d'une cuisine professionnelle et d'un bureau pour travailler, et ceux de ses quatre filles. Elle a installé les chambres des deux plus jeunes au dernier étage et laissé les deux adolescentes disposer à leur guise du rez-de-chaussée qui possède sa propre entrée. Toutes les pièces à vivre occupent une position centrale, tandis que la chambre de Carina est installée au premier étage « en sandwich entre les autres. » Les pièces sont peintes dans les tons crème, avec un bleu pâle réservé aux portes et aux boiseries.

Carina s'est inspirée pour la cuisine des crémeries françaises d'autrefois avec leurs comptoirs en marbre, leurs rayonnages en inox et leurs briques peintes. Elle a trouvé en Grèce exactement les éléments de cuisine en inox qu'elle cherchait et les a fait venir par bateau. Le réfrigérateur à l'ancienne qui évoque les garde-manger d'autrefois vient d'Italie. Elle avait d'abord imaginé des plans de travail en ardoise mais, voyant qu'elle ne trouvait pas la couleur gris perle qu'elle voulait, elle a remplacé l'ardoise par de simples blocs de granit brillant qu'elle a retournés pour obtenir la texture mate adéquate. Elle a aussi installé ses deux outils indispensables, une cuisinière Wolf en inox, « la Mercedes de la cuisine », et une chambre de cuisson en briques réfractaires. La fenêtre donnait à l'origine sur une cour en béton, métamorphosée en un patio d'inspiration méditerranéenne avec un pavage de pierre, des murs peints en blanc et un énorme miroir marocain accroché au mur. Quand un rayon de soleil fait son apparition, les filles emportent avec elles des piles de coussins pour un déjeuner impromptu à l'extérieur.

Dans la chambre, la salle de bains et le salon du premier étage, Carina voulait recréer le charme discret des années 1930 et 1940 françaises. La salle de bains est habillée de plusieurs nuances de marbre gris pâle dans le style d'un hôtel élégant. Carina a sélectionné des nuances de beige et de crème pour la chambre, avec un écran de daim tendu au mur en guise de tête de lit et des tables de café en zinc années 1930 converties en tables de chevet. Par manque de place, Carina a rangé ses vêtements sur le palier dans une immense armoire Arts and Crafts. Au même étage, une cheminée ancienne à la française et un miroir années 1940 entretiennent dans le salon une atmosphère intimiste. C'est là que Carina a choisi de disposer les photographies de sa mère et de sa grand-mère, sur une table chinoise ancienne qui rassemble ses objets fétiches.

« L'esthétique que vous vous êtes forgée dans un domaine s'applique à tous les autres aspects de votre vie, constate Carina. J'aime préparer des mélanges bizarres de fruits, de légumes et d'herbes qui, d'une certaine façon, vont bien ensemble, et c'est la même chose pour la décoration. Ma façon de faire est un peu éclectique et assez personnelle. » Elle a voulu respecter les bizarreries de sa maison Arts and Crafts, comme l'escalier central tournant à volées droites qui donne sur des portes et des fenêtres cintrées. Avec son prolongement du XXIe siècle, cette maison du XIXe siècle convient bien à la famille non conformiste et créative qui l'habite.

Sur la table de la cuisine recouverte d'une nappe à fleurs ancienne, des assiettes Wedgwood en forme de feuille de chou.

Carina a installé des étagères en marbre et un meuble en acier inoxydable pour donner à sa cuisine une ambiance de crémerie d'antan. Vendues autrefois chez John Lewis, les suspensions années 1960 ont été chinées chez Lasco, entreprise de mobilier vintage. Au salon, meubles anciens français et fauteuils recouverts de lin, français lui aussi. Un vase suédois jaune apporte une touche d'éclat.

Pour sa chambre, Carina a fait réaliser un paravent en daim comme tête de lit. Les chevets sont deux tables de café français datant des années 1930. Dans la chambre d'une de ses filles, une table à tréteaux sert à la fois de coiffeuse et d'étagère pour des photos de famille et un miroir ancien. Un tapis aux rayures vives Roger Oates éclaire les marches de l'escalier en chêne d'époque Arts and Crafts.

W11

NIKKI TIBBLES
NOTTING HILL

La pureté des lignes contemporaines met en valeur les ornements décalés et une débauche de couleurs dans cette maison de fleuriste.

Son métier de fleuriste a donné à Nikki Tibbles le goût de l'environnement et de la verdure, auquel ne pouvait pas mieux convenir cette maison de Notting Hill située dans une rue bordée d'arbres tout près de Hyde Park. Elle partage sa maison avec deux chiens qu'elle emmène en promenade dans le quartier. L'idée d'habiter un quartier postindustriel de l'East End comme Whitechapel ou Shoreditch la rebutait. « J'aime la beauté classique de l'architecture victorienne, avec ses rues larges et élégantes qui donnent le sentiment d'espace et laissent voir le ciel. »

Malgré son goût pour l'architecture traditionnelle, Nikki a choisi d'ouvrir sa boutique de fleurs Wild and Hearth dans Turquoise Island à Notting Hill, un pavillon postmoderne dessiné par Piers Gough. Ses compositions contemporaines attirent une clientèle chic et des grands noms comme Chanel, Tiffany, Louis Vuitton et Betty Jackson. Quand Wild and Hearth a ouvert en 1993, la boutique était prise dans le tourbillon d'activité du marché aux puces, des magasins d'antiquités et des galeries d'art de Portobello Road. Mais la plupart de ces petits commerces ont fermé depuis. « Le quartier a beaucoup changé, témoigne Nikki. La population s'est homogénéisée et parmi les nouveaux commerces, certains sont vraiment très huppés. » Mais Nikki continue d'apprécier son quartier, qui est aussi celui de beaucoup de ses amis dont Tom Conran, le propriétaire du célèbre pub The Cow sur Westbourne Grove et Sam Robinson, qui tient non loin de là une boutique de décoration très en vue, The Cross *(voir la maison de Sam Robinson p. 200)*.

Nikki a emménagé dans sa « terrace house » victorienne de Notting Hill en 2001. « La première chose que j'ai faite a été de décoller les moquettes, de peindre les parquets en noir et tout le reste en blanc. » Lasse de ses murs blancs, elle a repeint en 2006 toute la maison dans la nuance « Gris écureuil » de Fired Earth avec des pigments denses qui réfléchissent la lumière. Cette nouvelle toile de fond était l'écrin idéal pour sa récente collection d'objets d'art constituée avec l'aide du marchand d'art Max Wigram et du critique d'art Tim Blanks. Deux des photographies grand format du salon sont extraites d'une série intitulée « Heart of Glass » réalisée par le photographe de mode Martyn Thompson.

Par le biais de son travail, Nikki a peu à peu constitué une impressionnante collection de vases anciens et contemporains qu'elle a disséminés dans toute la maison. Ses modèles favoris, l'un de Jonathan Adler et l'autre de Nigel Coates, sont exposés dans le salon sur le même pied que des vases anciens négociés pour quelques livres aux puces de Kempton. Elle vient de commencer une collection de vases Fulham dans des tons glacés, vernissés ou mats, qui vont des années 1920 aux années 1940. Leurs formes organiques sont reprises dans la chambre, très féminine avec son lit gris foncé Edra parsemé de coussins en satin rose garni de dentelle noire.

Pour rendre la maison chaleureuse et accueillante, Nikki allume les lampes de toutes les pièces en rentrant le soir. Les couleurs et les textures tiennent un rôle de première importance, et Nikki aime jouer des contrastes, comme avec le canapé de facture contemporaine du salon habillé d'une toile de lin mate Bennison à imprimé floral. Les lignes courbes d'une chaise « Œuf » en cuir noir Arne Jacobsen pondèrent les imprimés chamarrés de deux coussins Missoni et d'un plaid, tandis qu'une toile rayée de très grand format signée Anselm Reyle côtoie un paravent à la structure en inox conçu par Eileen Gray.

Pour compenser les éléments fonctionnels de la cuisine, Nikki a utilisé un papier peint décoratif et des peintures à l'huile anciennes qui créent dans la salle à manger une ambiance vintage. L'esthétique industrielle du plan de cuisson, du four et des articles de cuisine en inox contrastent avec un étalage de tableaux anciens et un tapis rose en fausse fourrure. La présence incongrue d'une lampe Anglepoise contemporaine au milieu d'une pièce décorée de fauteuils en velours rose et de vases anciens est typique de la marque de fabrique de Nikki.

Les poufs rose vif en peau de mouton des deux chiens de la maison occupent une position éminente, associés à une imposante collection de variations artistiques sur le thème canin. Parmi les récentes acquisitions de Nikki figure un croquis au fusain en négatif des années 1920, un chien « à l'expression incroyablement humaine ». Cette collection qui partout ailleurs aurait paru mièvre apporte juste la dose d'humour nécessaire à cet intérieur distingué de Notting Hill.

Ce bouquet de roses anciennes de Wild at Heart a été confectionné en s'inspirant du décor d'un vase en céramique acheté au Kempton Antiques Market.

Ambiance rose dans la salle à manger avec deux fauteuils années 1950 de Carden Cunietti et tapis de Tanya Thompson pour Made. Le lampadaire articulé a été fabriqué sur mesure ainsi que la lampe d'architecte grand format posée près de la table et des bancs en bois achetés au Kempton Antiques Market. Cuisinière de Buyers and Sellers, tapis de la boutique The Cross et tableaux chinés dans des brocantes.

NUOVO MODO

Dans le salon en forme de L, lampes en rotin de Michael Sodeau et canapé Terence Woodgate recouvert de lin de chez Bennison. Devant la fenêtre, le paravent argenté est une création d'Eileen Gray et le tableau rayures a été peint par Anselm Reyle. La chaise en cuir noir provient de Themes & Variations et tous les coussins en tissu sont de chez Missoni.

Devant le canapé, un pouf en laine de Live pour Wild at Heart. La console d'époque victorienne accueille des vases Veneti de Kenzo, une sculpture en papier de Theresa Blackwell réalisée entièrement avec des images de fleurs découpées dans un livre. Au-dessus sont accrochées deux photos provenant de la série Heart of Glass de Martyn Thompson. Sur le palier, le chien en papier mâché monte la garde.

RÉPERTOIRE

PROPRIÉTAIRES

Norman Ackroyd
info@normanackroyd.com
www.normanackroyd.com

Bill Amberg
21-22 Chepstow Corner,
London W2 4XE
www.billamberg.com

Gillian Anderson-Price
Judith Michael & Daughter
73 Regent's Park Road,
London NW1 8UY
info@judithmichael.com
www.judithmichael.com

Harvey Bertram-Brown
renaissance_home@hotmail.com
www.thenewrenaissance.co.uk

Tracey Boyd
Tracey Boyd's House
42 Elizabeth Street,
London SW1W 9NZ
adrian@traceyboyd.com
www.traceyboyd.com

Emily Chalmers
Caravan
11 Lamb Street, London E1 6EA
info@caravanstyle.com
www.caravanstyle.com
emily@emilychalmers.com
www.emilychalmers.com

Jane Collins
Sixty6
66 Marylebone High Street,
London W1U 5JG

Rob et Josie da Bank
Bestival / Sunday Best
hello@bestival.net
www.bestival.net
info@sundaybest.net
www.sundaybest.net

Daisy de Villeneuve
daisy@daisydevilleneuve.com
www.daisydevilleneuve.com

Adam Hills et Maria Speake
Retrouvius
2A Ravensworth Road,
London NW10 5NR
mail@retrouvius.com
www.retrouvius.com

Langlands et Bell
art@langlandsandbell.com
www.langlandsandbell.demon.co.uk

Annabel Lewis
V.V. Rouleaux
54 Sloane Square, London SW1W 8AX
sloane@vvrouleaux.com
102 Marylebone Lane, London W1U 2QD
marylebone@vvrouleaux.com
www.vvrouleaux.com

Victoria Marriott et Craig Matson
Roundhouse Design
25 Chalk Farm Road,
London NW1 8AG
info@roundhousedesign.com
www.roundhousedesign.com

Peggy Prendeville
www.peggyprendeville.com

Sam Robinson
The Cross
141 Portland Road, London W11 4LW
Cross The Road
139 Portland Road, London W11 4LW

Tobit Roche
tobitroche@btinternet.com

Simon Templeton
mail@simontempleton.co.uk

Justin Thornton et Thea Bregazzi
Preen
5 Portobello Green,
281 Portobello Road,
London W10 5TZ
sales@preen.eu
www.preen.eu

Nikki Tibbles
Wild at Heart
222 Westbourne Grove, London W11 2RJ
island@wildatheart.com
54 Pimlico Road, London SW1W 8LP
www.wildatheart.com

Les Trois Garçons
1 Club Row, London E1 6JX
www.lestroisgarcons.com

Lisa Whatmough
Squint
3 Redchurch Street,
London E2 7DJ
mail@squintlimited.com
www.squintlimited.com

Matthew Williamson
28 Bruton Street, London W1J 6QH
aitzi@matthewwilliamson.co.uk
www.matthewwilliamson.com

FOURNISSEURS - CRÉATEURS

Jonathan Adler
web@jonathanadler.com
www.jonathanadler.com

Harry Allen
www.harryallendesign.com

Kate Blee
kate@kateblee.co.uk
www.kateblee.co.uk

Mark Brazier-Jones
studio@brazier-jones.com
www.brazier-jones.com

Rob et Nick Carter
rob@robandnick.com
www.robandnick.com

David Chipperfield
info@davidchipperfield.co.uk
www.davidchipperfield.co.uk

Nigel Coates
info@bransoncoates.com
www.nigelcoates.com

David Cobley
mail@davidcobley.co.uk
www.davidcobley.co.uk

Edmund de Waal
studio@edmunddewaal.com
www.edmunddewaal.com

Tom Dixon
sales@tomdixon.net
www.tomdixon.net

Rory Dobner
enquiries@rorydobner.com
www.rorydobner.com

Faile
info@faile.net
www.faile.net

Norman Foster
enquiries@fosterandpartners.com
www.fosterandpartners.com

Stefano Giovanonni
studio@stefanogiovannoni.it
www.stefanogiovannoni.it

Nick Helm
info@helmarchitecture.com
www.helmarchitecture.com

Sophie Herxheimer
sophie.herxheimer@talk21.com
www.sophieherxheimer.com

Nicholas Hills
info@nicholas-hills-architects.co.uk
www.nicholas-hills-architects.co.uk

Suzy Hoodless
info@suzyhoodless.com
www.suzyhoodless.com

Arne Jacobsen
www.arne-jacobsen.com

Chris Kenny
info@englandgallery.com
www.englandgallery.com

Gerald Laing
www.geraldlaing.com

Fliff Lidsey
www.fliff.co.uk

Ian McKeever
www.ianmckeever.com

Shirley McLauchlan
www.skmclauchlan.co.uk

Verner Panton
www.vernerpanton.com

Ernest Race
enquiries@racefurniture.com
www.racefurniture.com

Rodnik
sales@rodnik.co.uk
www.rodnik.co.uk

Peter Saville
www.saville-associates.com

Nigel Shafran
www.nigelshafran.com

Michael Sodeau
info@michaelsodeau.com
www.michaelsodeau.com

Rupert Spira
www.rupertspira.com

Philippe Starck
www.philippe-starck.com

Martyn Thompson
info@martynthompson.com
www.martynthompsonstudio.com

Georgiana von Etzdorf
www.gve.co.uk

Miv Watts
mivwatts@btconnect.com
www.wattswishedfor.co.uk

FOURNISSEURS - ADRESSES

Absolute Flowers
14 Clifton Road, London W9 1SS
flowers@absoluteflowersandhome.com
www. absoluteflowersandhome.com

Alfies Antique Market
13–25 Church Street,
London NW8 8DT
info@alfiesantiques.com
www.alfiesantiques.com

Anthropologie
worldservice@anthropologie.com
www.anthropologie.com

Aria
Barnsbury Hall
Barnsbury Street,
London N1 1PN
design@ariashop.co.uk
www.aria-shop.co.uk

B&B Italia
250 Brompton Road,
London SW3 2AS
store.london@bebitalia.it
www.london.bebitalia.com

Bathstore
info@bathstore.com
www.bathstore.com

Bazar Antiques
82 Golborne Road,
London W10 5PS

Bennison Fabrics
6 Holbein Place, London SW1W 8NL
bennisonfabrics@btinternet.com
www.bennisonfabrics.com

Biba
info@bibaexperience.com
www.bibaexperience.com

Bo~ Chelsea
250 Brompton Road,
London SW3 2AS
info@bo~chelsea.com
www.bo~.com

Boom Interiors
115–117 Regents Park Road,
London NW1 8UR
info@boominteriors.com
www.boominteriors.com

Browns Focus
38–39 South Molton Street,
London W1K 5RN
brownsfocus@brownsfashion.com
www.brownsfashion.com

Butcher Plasterworks
Chalcot Yard, 8 Fitzroy Road,
London NW1 8TX
post@butcherplasterworks.com
www.butcherplasterworks.com

Buyers and Sellers
Unit 8, Royalty Studios
105–109 Lancaster Road,
London W11 1QF
sales@buyersandsellersonline.co.uk
www.buyersandsellersonline.co.uk

By Guru
Frederikstadvej 1-3
9200 Aalborg SV
Copenhague
info@by-guru.com
www.by-guru.com

Cappellini
À Paris : 282 Boulevard Saint Germain
75007 Paris
www.cappellini.fr

Carden Cunietti
1a Adpar Street , London W2 1DE
cc@carden-cunietti.com
www.carden-cunietti.com

Castle Gibson
106a Upper Street,
London N1 1QN
www.castlegibson.com

Cath Kidston
www.cathkidston.co.uk
Celia Birtwell
71 Westbourne Park Road,
London W2 5QH
info@celiabirtwell.com
www.celiabirtwell.com

Chaplins
sales@chaplins.co.uk
www.chaplins.co.uk

Cole & Son
Chelsea Harbour Design Centre
Lots Road, London SW10 0XE
customer.service@cole-and-son.com
www.cole-and-son.com

Colefax & Fowler
110 Fulham Road,
London SW3 6HU
www.colefax.com

The Conran Shop
Michelin House
81 Fulham Road,
London SW3 6RD
www.conranshop.co.uk
À Paris : 117, Rue du Bac
75007 Paris
01 42 84 10 01
www.conranshop.fr

Dalsouple
info@dalsouple.com
www.dalsouple.com

Designers Guild
267 & 277 King's Road,
London SW3 5EN
showroom@designersguild.com
www.designersguild.com

Dosa
mail@dosainc.com
www.dosainc.com
En France : Gas by Marie
8 avenue George V
75008 Paris
Place de la Garonne
83990 Saint-Tropez

Dover Street Market
17–18 Dover Street, London W1S 4LT
info@doverstreetmarket.com
www.doverstreetmarket.com

Edra
edra@edra.com
www.edra.com

Fandango
50 Cross Street,
London N1 2BA

Farrow & Ball
info@farrow-ball.com
www.farrow-ball.com
À Paris : Farrow & Ball Showroom
50, rue de l'Université
75007 Paris

Felix Spicer Fabrics
141 Pancras Road,
London NW1 1UN
felixspicer@felixspicer.co.uk
www.felixspicer.co.uk

Fired Earth
enquiries@firedearth.com
www.firedearth.com

George Smith Hand-Made Furniture and Fabrics
www.georgesmith.com

Ghost
36 Ledbury Road,
London W11 2AB
info@ghost.co.uk
www.ghost.co.uk

Glass Deco
info@glass-deco.com
www.glass-deco.com

Globe-Trotter
54–55 Burlington Arcade,
London W1J 0LB
info@globemack.co.uk
www.globe-trotterltd.com
À Paris : Le Bon Marché
24 Rue de Sèvres,
75007 Paris

Habitat
www.habitat.co.uk

Harvey Nichols
109–125 Knightsbridge, London SW1X 7RJ
contactknightsbridge@harveynichols.com
www.harveynichols.com

Heal's
enquiries@heals.co.uk
www.heals.co.uk

Holmegaard
www.holmegaard.com
Distribution France :
AG Distribution
8, rue Martel
75010 Paris

House of Baguettes
info@houseofbaguette.com
www.houseofbaguette.com

Ikea
www.ikea.com

Intertiles
102 Balls Pond Road,
London N1 4AG
www.inter-tiles.co.uk

Joss Graham
10 Eccleston Street,
London SW1W 9LT
www.jossgraham.com

John Lewis
Oxford Street,
London W1A 1EX
www.johnlewis.com

Judy Greenwood Antiques
657–659 Fulham Road,
London SW6 5PY

Kempton Antiques Market
enquiries@kemptonantiques.co.uk
www.kemptonantiques.com

Lassco
Brunswick House
30 Wandsworth Road,
London SW8 2LG
brunswick@lassco.co.uk
www.lassco.co.uk

Laura Ashley
www.lauraashley.com
À Paris : 111, Rue Rennes,
75006 Paris
95, Avenue Raymond Poincaré,
Paris

Liberty
Regent Street, London W1B 5AH
londonstorecustomerservices@liberty.co.uk
www.liberty.co.uk

Made
21a Silchester Road,
London W10 6SF
info@made.co.uk
www.made.co.uk

La Maison
107–108 Shoreditch High Street,
London E1 6JN
info@atlamaison.com
www.atlamaison.com

Maisonette
9 Chamberlayne Road,
London NW10 3ND

Marimekko
www.marimekko.com

Martin Margiela
presse@martinmargiela.net
www.maisonmartinmargiela.com
À Paris : 25 bis et 23, rue de Montpensier
75001 Paris

Megan Park
65 Leonard Street,
London EC2A 4QS
neil@meganpark.co.uk
www.meganpark.co.uk
À Paris : Simone
1, rue Saint Simon
75007 Paris

Mint
70 Wigmore Street,
London W1U 2SF
info@mintshop.co.uk
www.mintshop.co.uk

Missoni
www.missonihome.com

Myriad Antiques
131 Portland Road,
London W11 4LW

Osborne & Little
304 King's Road,
London SW3 5UH
www.osborneandlittle.com
À Paris : Showroom Professionnel
106 bis, rue de Rennes 75006 Paris

Petersham Nurseries
info@petershamnurseries.com
www.petershamnurseries.com

Portobello Road Market
info@portobelloroad.co.uk
www.portobelloroad.co.uk

Pucci
www.emiliopucci.com
À Paris : 36, avenue Montaigne
75008 Paris

Rainbow
329 Lillie Road,
London SW6 7NR
info@rainbowlondon.com
www.rainbowlondon.com

Ralph Lauren
www.ralphlauren.com
À Paris : 52, avenue Montaigne et
52, place de La Madeleine
75008 Paris

Roger Oates
1 Munro Terrace,
London SW10 0DL
www.rogeroates.com
Distribué en France par
PIERRE FREY PARIS
27, rue du Mail
75002 Paris

The Rug Company
124 Holland Park Avenue,
London W11 4UE
london@therugcompany.info
www.therugcompany.info

Savoir Beds
104 Wigmore Street,
London W1U 3RN
info@savoirbeds.co.uk
www.savoirbeds.co.uk

Sheila Cook Textiles
105–107 Portobello Road,
London W11 1QB
sheilacook@sheilacook.co.uk
www.sheilacook.co.uk

Shiu-Kay Kan
skk@easynet.co.uk
www.skk.net

Space Boudoir
214 Westbourne Grove,
London W11 2RH

Squires Antiques
squiresantiques@aol.com
www.squiresantiques.com

Tann-Rokka
123 Regents Park Road,
London NW1 8BE
info@tannrokka.com
www.tannrokka.com

Themes & Variations
231 Westbourne Grove,
London W11 2SE
go@themesandvariations.com
www.themesandvariations.com

Tile & Stone Magic
info@tilemagic.co.uk
www.tilemagic.co.uk

Timorous Beasties
46 Amwell Street,
London EC1R 1XS
london@timorousbeasties.com
www.timorousbeasties.com

TopShop
36-38 Great Castle Street,
London W1W 8LG
www.topshop.com

Tuchra
82 Wandsworth Bridge Road,
London SW6 2TF

Vivienne Westwood
info@viviennewestwood.co.uk
www.viviennewestwoodonline.co.uk
À Paris : Vivienne Westwood Showroom
13, rue du Mail
75002 Paris

Wolf Appliance
www.wolfappliance.com

Zo¬any
Chelsea Harbour Design Centre
Lots Road, London SW10 0XE
enquiries@zo¬any.uk.com
www.zo¬any.com